वैदिक काल

भारत का लोक इतिहास–3

भारत का लोक इतिहास–3

वैदिक काल

और लोहे का आगमन

(लगभग 1500–700 ई.पू.)

इरफ़ान हबीब
विजय कुमार ठाकुर

अनुवाद
कनक

राजकमल प्रकाशन

मूल पुस्तक The Vedic Age का अनुवाद

ISBN : 978-81-267-2811-4

मूल्य : ₹495

पहला संस्करण : 2016
चौथा संस्करण : 2022

प्रकाशक : राजकमल प्रकाशन प्रा.लि.
1-बी, नेताजी सुभाष मार्ग, दरियागंज
नई दिल्ली-110 002

शाखाएँ : अशोक राजपथ, साइंस कॉलेज के सामने, पटना-800 006
पहली मंज़िल, दरबारी बिल्डिंग, महात्मा गांधी मार्ग, प्रयागराज-211 001
36 ए, शेक्सपियर सरणी, कोलकाता-700 017

वेबसाइट : www.rajkamalprakashan.com
ई-मेल : info@rajkamalprakashan.com

मुद्रक : बी.के. ऑफसेट
नवीन शाहदरा, दिल्ली-110 032

VEDIC KAAL
by Irfan Habib, Vijay Kumar Thakur
Translated by Kanak

आमुख

इस किताब के साथ हमने 'भारत का लोक-इतिहास' शृंखला के तहत भारत के अतीत के आरंभिक हिस्से को समर्पित तीन पुस्तकों का पहला सेट पूरा कर लिया जिसकी घोषणा पहले की गई थी। पहले दो अध्यायों में हम पाठकों को उस दुनिया में ले जाते हैं जिसका पता ऋग्वेद और उत्तर वैदिक ग्रंथों से चलता है जबकि तीसरे अध्याय में इस प्रायद्वीप की उसी काल (1500–700 ई.पू.) की पुरातात्विक रूपरेखा पेश करने का प्रयास किया गया है।

हमने अपनी पिछली दो कड़ियों के अनुरूप शैली, सूचनाओं के स्तर और विमर्श में एकरूपता बरकरार रखने की कोशिश की है। 'मूल ग्रंथों के उद्धरण ' नयी पहल है, क्योंकि अब हमारा सामना लिखित स्रोतों से होता है (हालाँकि जिस दौर का हम अध्ययन कर रहे हैं उस समय उनका प्रसार मौखिक रूप से हो रहा था) और हमें उम्मीद है कि इन उद्धरणों से पाठकों को अंदाजा लग सकेगा कि ये किस तरह के ग्रंथ हैं।

संदर्भ पेश करने के तरीके में थोड़ी तब्दीली करनी पड़ी। हमने अपनी किताब पर फुटनोट का बोझ नहीं लादा है बल्कि जहाँ भी हमें लगा कि पाठक विस्तृत रूप से प्रामाणिकता का आश्वासन चाहेंगे वहाँ हमने मूल ग्रंथों के अध्यायों की संख्या और वाक्यांशों (हालाँकि ये खंड और उपखंड स्वयं मूल ग्रंथों में ही निर्दिष्ट हो सकते हैं) के छोटे-छोटे संदर्भ पेश करने के लिहाज से भारतविदों की पद्धति का अनुसरण किया है।

विशेष टिप्पणी की विषय-वस्तु का चुनाव इस पुस्तक के मुख्य विषय को ध्यान में रखकर किया गया है। ऋग्वेद के नदी सूक्त के साथ भारत के ऐतिहासिक भूगोल का दस्तावेजीकरण शुरू हुआ, इसलिए ऐतिहासिक भूगोल पर एक टिप्पणी है। जाति-व्यवस्था की स्थापना वैदिक-ग्रथों में होने के अनुमान के मद्देनजर हम विकास के लंबे दौर के बाद जिस तरह इस व्यवस्था को देखते उसके आधार पर हमने इसकी मौलिक विशेषताओं पर एक टिप्पणी प्रस्तुत की है। तीसरी टिप्पणी तथाकथित 'महाकाव्य पुरातत्वशास्त्र' के विषयों से जुड़ी है जिसे इन दिनों काफी समय तक आधिकारिक तौर पर प्रोत्साहित किया गया।

इस शृंखला के संपादक और किताब के पहले सह-लेखक के तौर पर आभार व्यक्त करना चाहूँगा। मध्यप्रदेश पाठ्यपुस्तक निगम, भोपाल से मिले अनुदान से

अलीगढ़ हिस्टोरियन्स सोसायटी (एएचएस) यह परियोजना शुरू कर सकी। श्री फ़ैज़ हबीब (श्री ज़हूर अली ख़ान के साथ मिलकर) ने मानचित्र बनाया और श्री ग़ुलाम मुज़्तबा ने किताब के नक्शों के लिए फोटो लिए। सबसे मुश्किल काम श्री मुनीरूद्दीन ख़ान के हिस्से रहा जिन्होंने बड़े सब्र से विशेष-निर्देश वाले चिह्न के साथ किताब तैयार की। श्री अरशद अली ने हमारे दस्तावेज और हिसाब-किताब का ध्यान रखा और श्री इदरीस बेग़ ने लगातार भाग-दौड़ की। डाक्टर रमेश रावत, डाक्टर फरहत हसन और श्री इशरत आलम अलग-अलग तरह से काफी मदद करने के लिए धन्यवाद के पात्र हैं।

एएचएस की सचिव प्रोफेसर शिरीन मूस्वी ने संगठनात्मक कार्य का पूरा जिम्मा सँभाला और बहुत कम समय-सीमा में विशाल अनुक्रमणिका तैयार की।

दिसंबर 2003

—इरफ़ान हबीब
—विजय कुमार ठाकुर

इस संस्करण के लिए टिप्पणी

पिछले पुनर्मुद्रण के बाद से पुस्तक में थोड़े-बहुत बदलाव किए गए हैं। प्रोफेसर ठाकुर की दुखद मृत्यु (2006) के मद्देनजर किसी भी बदलाव के लिए जवाबदेह सिर्फ मैं हूँ।

नवंबर 2012

—इरफ़ान हबीब

अनुक्रम

पूर्व वैदिक काल, लगभग 1500–1000 ई.पू.

1.1 ऋग्वेद

ऋग्वेद के साथ हम भारत के इतिहास के दायरे में प्रवेश करते हैं। हालाँकि यह सही है कि न सिर्फ ऋग्वेद बल्कि वैदिक ग्रंथों के शेष हिस्से भी उसी दौर में तैयार लिखित दस्तावेज नहीं हैं, लेकिन जिस तरह इसे संरक्षित रखा गया उसकी वजह से ये बहुत हद तक अपने रचना काल–क्रम के साक्षी हैं। पुरोहित वैदिक ऋचाएँ कंठस्थ करते थे और फिर वे उन्हें हरसंभव निष्ठापूर्वक अपने उत्तराधिकारियों को प्रेषित करते थे। विभिन्न सूक्तों को इकट्ठा कर किसी क्रम में व्यवस्थित कर संग्रह तैयार करने से पहले और बाद तक पीढ़ी दर पीढ़ी यह मौखिक प्रसार जारी रहा। बहुत बाद की बात है जबकि मौखिक प्रसार से जुड़ी पवित्रता की धारणा में इतनी उदारता आई कि पवित्र ग्रंथों को लिखित स्वरूप देने के लिए स्वीकृति मिली। अलबरूनी के मुताबिक ऐसा बहुत बाद में दसवीं सदी में हुआ। किसी भी वैदिक रचना की उस वक्त की कोई पांडुलिपि उपलब्ध नहीं है।

ऋग्वेद को चारों वेदों में से पहला माना जाता है। ऋग (रिच् धातु) का मतलब है स्तुति (सूक्तों में) और वेद (विद् धातु से निकला–जानना) का अर्थ है ज्ञान। तीन अन्य वेद हैं यजुर्वेद, सामवेद और अथर्ववेद। इन वेदों के आरंभिक संग्रह को संहिता कहते हैं जिनमें सूक्त, मंत्रादि हैं। हर संहिता से कुछ ग्रंथ जुड़े हैं जो ब्राह्मण कहलाते हैं जिनमें मुख्य तौर पर अनुष्ठान से जुड़े निर्देश हैं। इसी तरह हर ब्राह्मण से कोई आरण्यक और उपनिषद जुड़ा है। आरण्यकों में वन (अरण्य) में रहने वाले एकांतवासियों के लिए गूढ़ आध्यात्मिक निर्देश हैं जबकि उपनिषद दार्शनिक मीमांसा से जुड़ी रचनाएँ है।

वैदिक ग्रंथों के बाद के हिस्सों के बारे में दूसरे अध्याय में चर्चा होगी। यहाँ हमारा सरोकार मुख्य तौर पर ऋग्वेद से है। वैदिक ग्रंथों की सर्वमान्य पारंपरिक व्यवस्था में सबसे पहले रखे जाने और सबसे पुराने होने के मद्देनजर कालानुक्रम में वरीयता के संबंध में इसके दावे की पुष्टि इसकी भाषा के पुरातन स्वरूप और इसमें उद्धृत भौगोलिक और सामाजिक स्थिति से होती है। ऐसे आंतरिक साक्ष्यों से स्पष्ट होता है कि ऋग्वेद का हर हिस्सा उतना ही प्राचीन नहीं है। इसमें 10 मंडल

(शाब्दिक अर्थ वृत्त) या सर्ग हैं जिनमें इसके 1,028 सूक्तों को बाँटा गया हैं। इनमें से दूसरे और सातवें मंडल में पुरोहित कुलों से जुड़े एक ही तरह के विन्यास वाले सूक्त हैं (अग्नि सूक्त—अग्नि देवता, जिसके बाद इंद्र सूक्त का स्थान है) और ये पहले मंडल के बाद के हिस्से के साथ सबसे प्राचीन अंग प्रतीत होते हैं। आठवाँ मंडल बाद में जोड़ा गया जिसे काफी समय तक अंतिम मंडल माना जाता था; प्रथम मंडल की शुरुआती 50 ऋचाएँ इसी समय शामिल की गईं। अगले चरण में नवम् मंडल तैयार किया गया जिसमें मुख्य तौर पर पवित्र पेय—सोम की स्तुति से जुड़े सूक्तों का संग्रह है। अंतिम चरण में प्रथम मंडल का बीच का हिस्सा और पूरा दशम मंडल जोड़ा गया। यहाँ ध्यान रखना चाहिए कि जो आंतरिक विन्यास के स्वरूप के लिहाज से पूर्ववर्ती दौर की रचना के बाद जोड़े गए अंश लगते हैं उनमें भी कुछ नए रचे गए सूक्तों के साथ प्राचीन और आरंभिक कालखंड के भी हो सकते हैं।

हर सूक्त के लिए अलग-अलग कालखंड निर्धारित करना पेचीदा काम है जो स्वाभाविक तौर पर विवादों से परे नहीं हो सकता, हालाँकि यह बेखटके माना जा सकता है कि शुरुआती सूक्तों और ग्रंथ के अंतिम स्वरूप के बीच 500 साल का अंतराल जरूर रहा होगा। यदि 1500 ई.पू. की सीमा निर्धारित है और इससे परे (सिंधु सभ्यता, टिप्पणी 2.2 में प्रस्तुत वजहों के कारण) ऋग्वेद की प्राचीनतम रचनाओं की अवधि निर्धारित करना आसान नहीं है इसलिए हम संभवत: 1,500-1,000 ई.पू. की अवधि निर्धारित कर सकते हैं जिस दौरान इसकी रचना हुई, इसका क्रम तय हुआ और इसमें विभिन्न अंश जोड़े गए। पुरातत्वशास्त्र से हमें कुछ ज्यादा भरोसे के साथ न्यूनतम कालखंड तय करने में मदद मिलती है। ऋग्वेद में लोहे का कोई प्रामाणिक संदर्भ नहीं मिलता है और खुदाई में मिले लोहे के काल निर्धारण (अध्याय तीन) से पता चलता है कि उत्तरी भारत में इस धातु का प्रसार 1,000 ई.पू. के बाद ही हुआ। इसलिए यह उम्मीद की जा सकती है कि ऋग्वेद के नवीनतम हिस्से भी इसके बाद के नहीं हैं।

शास्त्रीय संस्कृत के मुकाबले ऋग्वेद की भाषा इतनी प्राचीन है कि इसकी ऋचाओं का मतलब इसका पाठ करने और सुनने वालों के लिए धीरे-धीरे दुरूह होने लगा। ऐसी कुछ दिक्कतें एक टीका, यास्क रचित निरुक्त, में दूर करने की कोशिश की गई जो खुद प्राचीनता से मुक्त नहीं है और संभवत: इसका संकलन 400 ई.पू. से पहले हुआ था। सायण की चौदहवीं सदी में लिखी विशद टीका आश्चर्यजनक रूप से देर से आई, हालाँकि सिर्फ इस वजह से सायण की पूरी व्याख्या को खारिज करना सही नहीं हो सकता। फिर भी सजग रहने की जरूरत है। सजगता की जरूरत, ऋग्वैदिक सूक्तों के रचयिताओं के नाम के उल्लेख (जो बहुत बाद में अनुक्रमणी में जोड़ा गया) करने की बाद में शुरू हुई परंपरा या विश्वामित्र और वशिष्ठ जैसे ऋग्वैदिक ऋषियों (जिन्हें बाद में ब्राह्मणों और अन्य उत्तर वैदिक

और वैदिक काल के बाद के ग्रंथों से जोड़ा गया है) के संबंध में भी है। जहाँ तक संभव हो इस दौर के इतिहास की पुनर्रचना में अपने-आपको ऋग्वैदिक साक्ष्यों तक सीमित रखना और बाद के दौर की अनुश्रुतियों से अपनी व्याख्या को प्रभावित न होने देना सबसे अच्छा है।

1.2 पूर्ववर्ती और वास-क्षेत्र

ऋग्वेद की भाषा, आर्य भाषा की भारतीय-आर्य उपशाखा या भारोपीय परिवार की भारतीय-ईरानी शाखा की है। पूर्व-आधुनिक काल में भारोपीय भाषाओं के अटलांटिक महासागर से लेकर बंगाल की खाड़ी तक व्यापक विस्तार के कारण यह तय करना मुश्किल है कि मूल भारोपीय भाषा का प्रसार कहाँ से शुरू हुआ और इसकी शुरुआती शाखाएँ कहाँ पनपीं। यहाँ आनुवंशिक साक्ष्यों से मदद मिल सकती है क्योंकि विभिन्न वंश-परंपराओं के लोगों ने एक-दूसरे की भाषा सीखी और दूसरों तक इसका प्रसार किया। इसलिए भारोपीय भाषाओं के प्रसार के साथ बड़े पैमाने पर विस्थापन नहीं हुआ और न ही आबादी का बड़ा हिस्सा उजड़ा। यही वजह है कि यहाँ पुरातत्ववेत्ताओं को उत्खनन में मिले कंकालों से बहुत मदद मिलने की उम्मीद नहीं की जा सकती। इसलिए फिलहाल, विश्वास के साथ, भारोपीयों के 'मूल स्थान' का पता नहीं लगाया जा सकता। लेकिन पुरातत्वशास्त्र और भाषाशास्त्र हमें कम से कम भारतीय-ईरानी शाखा की भाषा बोलने वालों के निकटतम पूर्ववर्तियों का पता लगाने में मदद करते हैं। पालतू घोड़े और इससे चलने वाले रथ का ऋग्वेद में प्रमुख स्थान है और ईरानी धर्म-ग्रंथ अवेस्ता, में भी जो भाषा के लिहाज से ऋग्वेद के बेहद करीब है इसलिए घोड़ा आरंभिक भारतीय-ईरानियों (आर्य) की गतिविधि और कालक्रम के संबंध में पुरातत्वशास्त्र का संभावित संकेतक है। हमने देखा है कि यदि हम घोड़े के निशान ढूँढ़े तो हमें ये पश्चिमोत्तर सीमांत क्षेत्र के स्वात की गलिगई संस्कृति-4 (1800-1400 ई.पू.) और पूर्वोत्तर बलुचिस्तान में पीरक-1 बी (1600-1400 ई.पू.) और अपेक्षाकृत ज्यादा स्पष्ट रूप से पीरक-3 (1300-800 ई.पू.) मिलते हैं। इनके पास घोड़े थे इसलिए ये संस्कृतियाँ हिन्द-ईरानी भाषा बोलने वालों की हो सकती हैं (देखें सिंधु सभ्यता, 3; 4 और नोट 3;1)। ये स्थान सिंधु के पश्चिम में हैं लेकिन फिर भी ऋग्वेद के भौगोलिक दायरे में हैं (इसके लिए अगले तीन पैरे देखें)। दूसरे शब्दों में जो समुदाय भाषा और संस्कृति के लिहाज से ऋग्वैदिक लोगों के पूर्ववर्ती थे, वे भारतीय सीमांत क्षेत्र में 1800 से 1400 ई.पू. में आए और फैले होंगे। यदि हम और पुरातात्विक साक्ष्यों को देखें तो इनके आगमन से स्थानीय आबादी भारी संख्या में नहीं उजड़ी थी क्योंकि शिल्प निर्माण में निरंतरता दिखती है। विशेष तौर पर मिट्टी के बर्तन जो आम तौर पर साबुत मिले। इस तरह अंदाजा लगाया जा सकता है कि आर्य समुदाय में काफी हद तक आनुवंशिक मिश्रण

हो चुका था और घोड़े पर अपनी महारत और रथ के साथ वे सिंधु को पार करने लगे और पंजाब में फैल गए, फिर दक्षिण-पूर्व की ओर बढ़ने लगे।

ऋग्वेद अपने भूगोल के जरिए इस विनाशकारी विस्तार का उल्लेखनीय चरण प्रस्तुत करता है। ऋग्वैदिक ऋषि जिन इलाकों से वाकिफ थे उसे तय करने का मुख्य जरिया है सूक्तों, विशेष तौर पर दशम मंडल (75) के नदी-सूक्त में उद्धृत नदियों के नाम। इन ऋचाओं में जिन नदियों के नाम का ज़िक्र है उनकी पहचान करना मुश्किल हैं, न सिर्फ इसलिए कि नदियों के ऋग्वैदिक नाम अब प्रचलन में नहीं हैं बल्कि इसलिए भी कि एक ही नाम की एक से ज्यादा नदियाँ हैं। लगभग तय है कि आक्सस का कोई ज़िक्र नहीं है लेकिन अफगानिस्तान की दो अन्य नदियों—हरि-रुद और अरगंदाब-हेलमांद का ज़िक्र कम से कम एक जगह पर सरयू और सरस्वती (जो क्रमशः हरोइवा और अवेस्ता की हरखवैती है जिसमें 'स' की जगह 'ह' हो गया है) के नाम से किया गया है। पाकिस्तान की सुलेमान श्रृंखला और अफगानिस्तान से निकलने वाली बहुत सी नदियाँ जो आखिरकार सिंधु में विलीन हो जाती हैं, उनका भी ज़िक्र है, मसलन रसा (पंजशीर?), कुभ (काबुल) श्वेत्य या सुवास्तु (स्वात), क्रुमु (कुर्रम) और गेमती (गोमल)। सिंधु (इंडस) को सिंधु नदी और सप्त सिंधवः) या सात-नदी का नाम मिला जो पंजाब में बहने वाली अपनी बड़ी सहायक नदियों के साथ सिंधु घाटी की प्रदक्षिणा करती थीं। इन सहायक नदियों का नाम वितस्ता (झेलम), असिक्नी (चनाब), परुष्णि या यव्यावती (रावी), विपाश (ब्यास) और शुतुद्रि (सतलज)। सुषोमा (सोन) छोटी सी नदी है जो पाकिस्तान के इस्लामाबाद के पास से निकलकर पूरब से सिंधु में मिलती है। कश्मीर की नदी मरुद्वृद्धा (मरु-वर्द्धन) जो चनाब की सहायक नदी है, के ज़िक्र से संकेत मिलता है कि कश्मीर घाटी भी ऋग्वैदिक भू-भाग में रही होगी।

सतलज के पूर्व में, सरस्वती (सरसुती) और दृशद्वती (चौटांग) नदियाँ शिवालिक से निकली हैं और हरियाणा-पंजाब के मैदान के गुजरती हुई सूख जाती हैं। उन नदियों की सूखी पेटी आज घग्घर और हाकरा से जुड़ी है। हाकरा पाकिस्तान के बहावलपुर के रेगिस्तानी इलाके में गुम हो जाती है। गंगा नदी प्रणाली में से, ऋग्वेद में, सिर्फ यमुना और गंगा का उल्लेख है। पूरब की ओर बहने वाली गंगा की दूसरी बड़ी सहायक नदियों का कोई ज़िक्र नहीं है। समुद्र का वर्णन है जिसका मतलब संभवतः अरब सागर है।

नदियों का बहुत उल्लेख है और यही स्थिति कबीलों के नामों का भी है, लेकिन भू-भाग विशेष के ठीक-ठीक नाम का ज़िक्र कभी-कभार ही हुआ है। एक भू-भाग का एक नाम है गंधार (पश्चिमोत्तर पंजाब) हालाँकि गंधारी एक कबीले का नाम भी हो सकता है जिसके कारण इस इलाके का नाम पड़ा। कुछ मामलों में नदियों के कारण इलाके का नाम पड़ा। ऋग्वेद की (सप्त सिंधवः) हालाँकि अभी

मानचित्र 1.1 ऋग्वैदिक भू-भाग

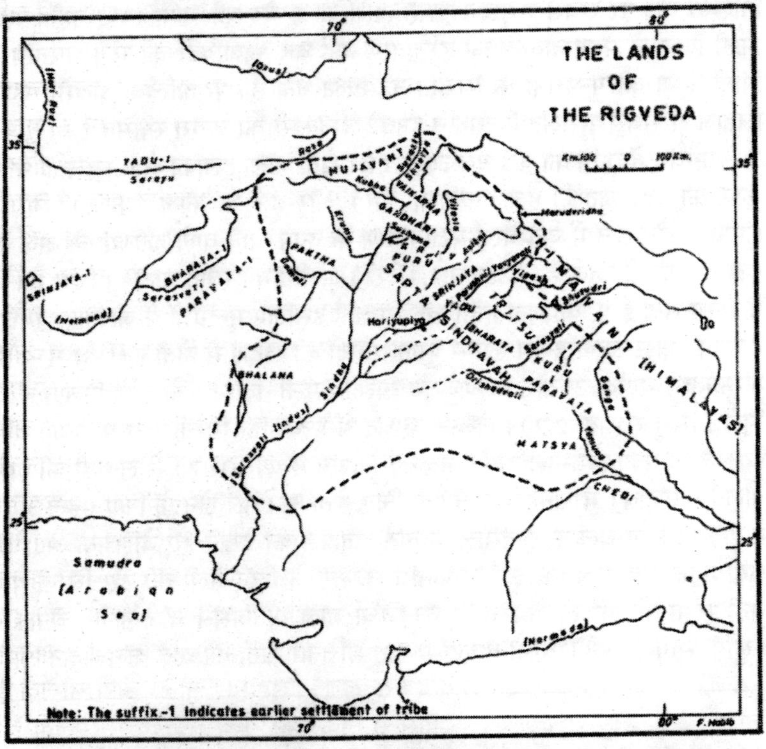

भी सात नदियाँ ही हैं लेकिन अवेस्ता में इसे जो (हफ्त हेंदु) नाम दिया गया वह एक भू-भाग का नाम है और स्पष्ट रूप से इसका मतलब पंजाब है।

ऋग्वेद से जो भौगोलिक ज्ञान जाहिर होता है उससे हम समझ सकते हैं कि इसके संकलनकर्ता जिस प्रदेश से परिचित थे, वे अफगानिस्तान की हिंदुकुश पर्वत शृंखला से लेकर गंगा-यमुना दोआब (पश्चिमी उत्तर प्रदेश) और कश्मीर से सिंध की उत्तरी सीमा तक फैले थे (मानचित्र 1;1 देखें)।

1.3 अर्थव्यवस्था

ऋग्वैदिक संस्कृति के भौतिक पहलुओं का पुनर्निर्माण तीन प्रमुख स्रोतों से किया जा सकता है) ऋग्वेद, भाषाविदों की प्राचीन हिन्द-ईरानी शब्दावली की पुर्नरचना जो सैद्धांतिक तौर पर हमें यह बता सकी है कि ईरानियों से अलग होते समय हिंद-ईरानी समुदायों को किन चीजों के बारे में जानकारी थी और ऋग्वैदिक क्षेत्र के पुरातात्विक

अवशेष जिसका कालखंड दूसरी सहस्राब्दि हो हमेशा बदला जा सकता है। पहला निश्चित तौर पर सबसे समृद्ध स्रोत है हालाँकि ऋग्वेद की भाषा स्पष्ट नहीं नजर आती है। बाद में शब्दावली का हस्तांतरण कई बार भाषाविदों की मूल भारतीय-ईरानी भाषा की पुनर्रचना के सिद्धांत को उलट देता है। पुरातात्विक अवशेष एक लिहाज से सबसे सुरक्षित हैं लेकिन इनकी जानकारी का दायरा सीमित है।

ऋग्वेद में कृषि का कई बार उल्लेख है। खेती वाला इलाका क्षेत्र कहलाता था। कृषि का अर्थ जुताई। हल (लांगल, सिर) और हल के फाल (फाल), मिराई (सीता) और हल में जुते बैलों पर नियंत्रण के काम आने वाले हलवाहे के अंकुश (अष्ट्र) का भी ज़िक्र है। (उद्धरण 1.1 देखें) अलीग्राम (स्वात घाटी) (चित्र 1.1) में 11वीं सदी ई.पू. का जुता हुआ खेत मिला है इसलिए मूलग्रंथों में जो साक्ष्य मिले हैं उनकी पुष्टि उल्लेखनीय रूप से पुरातत्वविदों की खुदाई से होती है। सिंधु सभ्यता में कुएँ के व्यापक उपयोग के बावजूद घिरनी (पुली-लिफ्ट) के कोई निशान नहीं मिले (सिंधु सभ्यता 2.2)। लेकिन ऋग्वेद में पत्थर की घिरनी (अष्म चक्र) का ज़िक्र है जिसका इस्तेमाल कुएँ (अवात) (दशम मंडल 101.7) से लकड़ी की तंग बाल्टी (आहाव) में पानी निकालने के लिए होता था। भार ढोने के लिए (हल और गाड़ी) के लिए बैल के इस्तेमाल के लंबे इतिहास को देखते हुए बेझिझक अंदाजा लगाया जा सकता है कि कुएँ से पानी निकालने के लिए बैलों को उस घिरनी पर चढ़ी रस्सी को खींचने के लिए प्रयोग किया जाता था जिससे चौड़े नाले (चैनल) (सुर्मि, सुषिरा) बने। घिरनी ने कुएँ से खेत सींचकर खेती को बाढ़ वाले मैदान और

चित्र 1.1 जुता हुआ खेत, अलीग्राम, स्वात घाटी (पाकिस्तान), 12वीं सदी ई.पू.

नदी (तथा नहर) के पास सिमटे दायरे से मुक्त कर दिया और उन दायरों में भी इसका प्रसार होने दिया जहाँ भू-जल स्तर काफी हद तक धरातल के करीब था। पंजाब और हरियाणा के मैदान में घिरनी ने छोटी सी कृषि क्रांति ही ला दी होगी।

फसलों के बारे में ऋग्वेद से मिली जानकारी निराशाजनक रूप से बहुत थोड़ी है। ऋग्वेद और अवेस्ता दोनों में बीज (*यवम कृष; अवेस्ता, याओ करेश*) लगाने और अनाज (*शस्य; अवेस्ता : हह्य*) का ज़िक्र है। यव का एक विशेष मतलब भी था, जौ। ऋग्वेद में गेहूँ का कहीं ज़िक्र नहीं है लेकिन अवेस्ता का *गंतुम* और संस्कृत का *गोधूम* साझे भारतीय-ईरानी पूर्ववर्ती की ओर इशारा करते हैं। इस शब्द का कोई भारोपीय सजातीय नहीं है और निश्चित तौर पर भारतीय-ईरानियों से लिया गया होगा जबकि उन्होंने पूर्वी ईरान या अफगानिस्तान में इस फसल की खेती शुरू की होगी। जहाँ तक धान का सवाल है तो 1800 ई.पू. में स्वात घाटी व पूर्वोत्तर बलुचिस्तान और हड़प्पा (कब्रगाह-एच संस्कृति) (सिंधु सभ्यता 3.2 देखें) इसकी खेती के बारे में पता चलता है। इसलिए बहुत कम संभावना है कि ऋग्वेद में उद्धृत धान्य-बीज (मंडल-5 53.13) का मतलब धान के बीज से है न कि अन्न के बीज से, जैसा कि बाद के दिनों में समझा जाता था। दूसरी ओर चावल का मध्ययुगीन फ़ारसी नाम *(ब्रिंज)* मध्य वैदिक काल के *व्रीहि* का सजातीय लगता है लेकिन इसके बावजूद ब्रिंज शायद व्रीहि से निकला हो क्योंकि ईरान में आरंभिक काल में धान की खेती का कोई प्रमाण नहीं मिला है इसलिए भारतीय-ईरानियों को एक दूसरे से अलग होने से पहले इस फसल का पता नहीं होगा। कपास की खेती सिंधु सभ्यता में होती थी और बाद में भी बरकरार रही (सिंधु सभ्यता सारिणी 3.1 देखें), लेकिन इसका ऋग्वेद में कहीं ज़िक्र नहीं है। हम मान सकते हैं कि यह भी संयोग से छूट गया हो।

ऋग्वेद की रचना के आर्थिक परिवेश के संबंध में हुए कई अध्ययनों में यह माना गया कि ऋग्वैदिक काल के लोग अनिवार्य रूप से पशुपालक थे। पुरातत्वशास्त्र से ऋग्वैदिक क्षेत्र की खेती के बारे में (सिंधु सभ्यता, 3.1 और 3.2) जो जानकारी मिलती है उसके मुताबिक 1500 ई.पू. से पहले पशुपालन को जरूरत से ज्यादा महत्त्व देने को उचित ठहराना मुश्किल होगा। कभी-कभी निश्चित तौर पर लगता है कि ऋग्वेद की ऋचाओं के रचयिताओं की नजर में संपत्ति का मतलब सिर्फ घोड़े, पशुधन (विशेष रूप से गाय), ऊँट और भेड़ थे। पशुओं की भारी तादाद की कल्पना की जा सकती थी मसलन साठ हजार बैल या सौ ऊँट। लेकिन अनाज (यव, धान) की भी माँग थी। ऋग्वेद में ऐसी संपत्ति में खेती योग्य (उर्वरा) जमीन शामिल थी; इसे छीना जा सकता (उर्वराजित) था और इस भूमि का स्वामी (उर्वरापति) होता था। हल चलाने, सिंचाई और यातायात के लिए बैलों की जरूरत थी इसलिए पशुधन उत्तरोत्तर और महत्त्वपूर्ण होता गया। इन पशुओं के बगैर खेती नहीं की जा सकती थी हालाँकि इनसे उन्हें जो दूध और मांस मिलता था उसकी भी

उपेक्षा नहीं की जा सकती। खेती के लिए पशुओं की निरंतर जरूरत के कारण पशुओं की बड़ी रेवड़ें जिनके लिए चारागार (गोष्ठ) कृषि भूमि के सीमांत पर होते थे, विशिष्ट रूप से आकर्षक पूंजी बन गईं जिससे नियमित आय होती थी क्योंकि इन्हीं रेवड़ों में शामिल बैलों के बदले किसानों से अनाज प्राप्त किया जाता था। ऐसे पशुपालन के लिए घुमंतू होने की जरूरत बिल्कुल नहीं रही होगी।

यहाँ यह याद रखना चाहिए कि उस वक्त जंगल और झाड़ियाँ बहुत अधिक थीं; ऋग्वेद में उनके आस-पास होने का अहसास बार-बार होता है। जंगल की आग (मंडल-1, 65.4) के प्रति विस्मय का भाव था और वनदेवी व पशु चराने वालों या कंदमूल इकट्ठा करने वालों की रक्षा करने वाली देवी आरण्यानी के प्रति विशेष प्रेम था।

यातायात (परिवहन) के क्षेत्र में तिल्लियों वाले पहिए के आने के साथ बड़ा बदलाव आया। तिल्लियों (अर) को जोड़ने वाले पहिए के बाहरी किनारे या पिंडी (नभ्य) पर इकट्ठी तिल्लियों का ज़िक्र एक से अधिक बार सुनने को मिलता है। अफगानिस्तान के ठीक बगल में स्थित तुर्कमेनिस्तान में तिल्ली वाले पहिए जैसे मिट्टी के खिलौने मिले हैं जो 1700-1500 ई.पू. के हैं। भारत में हालाँकि तिल्ली वाले पहिए के आगमन से जुड़े पुरातत्विक साक्ष्य अपेक्षाकृत कम हैं। बनवाली में मिले एकमात्र मिट्टी के टुकड़े, जिस पर तिल्लियों जैसी हल्की सी उकेरी गई नक्काशी, सिंधु सभ्यता में मिले गाड़ी के ठोस पहियों के भारी मात्रा में मिले साक्ष्यों के मुकाबले ज्यादा महत्त्वपूर्ण नहीं हो सकती। अतरंजीखेड़ा (उत्तर प्रदेश) से मिले चित्रित धूसर मृद्भांड काल के तिल्ली अंकित मिट्टी के टुकड़े को इसका साक्ष्य माना जा सकता है कि 700 ई.पू. में तिल्ली वाले पहियों का उपयोग होता था। गाड़ियों में तिल्लियाँ होने के कारण इन्हें खींचने वाले बैलों (अनवाह) और ऊंटों (उष्ट्र) का काम आसान हो गया होगा क्योंकि ऐसे पहिए बड़े और हल्के हो गए। ऐसे पहियों को लगाने से रथ (घोड़ा गाड़ी) की गति बढ़ी होगी। दूसरी ओर घोड़े की जीन जिसका उपयोग भारत में आधुनिक काल से ठीक पहले तक नहीं होता था और इसका मतलब है कि उसे बैलों की तरह जोता जाता होगा जो सही तरीका नहीं है और इसकी वजह से रथ की रफ्तार धीमी होगी। ऊंट संभवतः दोहरे कूबड़ वाले (बैक्ट्रियन) थे और गर्म मैदानों में उनका उपयोग सीमित तौर पर होता होगा। भैंस (महिष) को अक्सर जंगली कहा गया है जिसका मतलब है कि उन्हें तब तक पालतू नहीं बनाया गया होगा।

शिल्प की कुछ झलकियाँ मिलती हैं। कर्मार यानि धातु कर्मकार 'चिड़ियों के पंख' के साथ घूमता था जो निश्चित तौर पर उसकी धौंकनी थी ताकि आग प्रज्वलित रहे जो वह अपने साथ रखता था। धातु पिघलाने के लिए वह शायद पुराने पेड़-पौधों का इस्तेमाल करता था (देखें उद्धरण 1;2)। यह धातु सोना, चाँदी या तांबा हो सकती थी। तांबे और विशेष तौर पर इससे बने मिश्र-धातु 'कांसे' को

अयस् कहते थे क्योंकि वर्णन के मुताबिक इसका रंग सूर्य या अग्नि की तरह है। लोहे की जानकारी अब तक नहीं थीं।

बुनकर (वाय) के बारे में कहा गया है कि वह ऊन के कपड़े बनाता है (मंडल-10, 26.6)। यह पंजाब के लिए बहुत अस्वाभाविक नहीं होगा क्योंकि वहाँ कड़ाके की ठंड होती है। उम्मीद रहती है कि कम से कम एक बार सूती कपड़े का भी स्पष्ट उल्लेख मिले लेकिन ऋग्वेद में इसका कहीं ज़िक्र नहीं है। संयोग से *सिरीस* (मंडल-10, 61.9) के संदर्भ में कहा गया कि है कि यह धागा महिलाएँ कात कर बनाती थीं। बढ़ई (तक्षण्) का ज़िक्र (मंडल-1, 105.18) है कि वह लकड़ी की टूटी चीजों की मरम्मत करता था और काम करने के लिए जिस तरह वह झुकता था उससे उसकी पीठ में दर्द हो जाता था।

ऋग्वेद में उस दौर के हर शिल्प का ज़िक्र नहीं मिलता और सबसे गौरतलब चूक कुम्हार का उल्लेख न होना है, हालाँकि मिट्टी के बर्तन का ज़िक्र कई बार हुआ है। ऐसे उल्लेख न मिलने से हमें ताज्जुब नहीं होना चाहिए क्योंकि इस ग्रंथ का जो स्वरूप है उसमें शिल्प का उल्लेख महज इत्तफाक से ही हुआ है।

अलग-अलग पेशे से लोग इसलिए जुड़े थे कि एक आदिम किस्म के बाजार से आय प्राप्त की जा सके जहाँ विशिष्ट कौशल से जुड़े लोग, ग्राहक की तलाश में जाते थे; जैसा कि ऋग्वेद के एक मशहूर सूक्त में (उद्धरण 1.2) बड़ी खूबसूरती से कहा गया है। ज्यादातर लेन-देन वस्तु-विनिमय पर ही आधारित होगा। यहाँ तक कि इंद्र की कृपा भी एक जगह पर 10 गायों के बदले बेची या फिर गिरवी रखी गई! लेकिन बहुमूल्य धातु की भी माँग थी, सोना (हिरण्य) बहुमूल्य था। इसे नदी की रेत से प्राप्त किया जा सकता था इसलिए सिंधु को 'हिरण्मय' (मंडल-10, 75.8) कहा गया है। इसे इकट्ठा कर जमीन के अंदर दबा दिया जाता था हालाँकि इसी पद की व्याख्या सोने की खान का सन्दर्भ ऋग्वेद में मिलने के तौर पर की गई जो असंभव है। कबीले के प्रमुख से उपहार में मिले 'स्वर्ण-पिंड' को आदरपूर्वक स्वीकार किया जाता है। ऋग्वेद में सोने (या चांदी?) के आभूषण या हंसुली के लिए निष्क शब्द मिलता है, लेकिन ऐसे आभूषण के रूप में इसका उपयोग धन की इकाई या विनिमय के माध्यम के तौर पर शुरू हो गया था। एक पुरोहित (मंडल-1, 126.2) दावा करता है कि उसे एक सौ यज्ञ कराने के लिए एक सौ घोड़ों के साथ एक सौ निष्क मिले हैं।

वस्तु-विनिमय और बहुमूल्य धातुओं के आदान-प्रदान से ऐसे लोगों की मौजूदगी का पता चलता है जो मुनाफे पर बेचने के लिए सामान कहीं और से खरीदते थे। ऋग्वेद में कई जगहों पर पणी का ज़िक्र है। यह नाम संभवतः पण यानि वस्तु-विनिमय से निकला होगा और ऋचाओं में इसका उपयोग संपन्न, कृपण (दस्यु?), देवताओं व होतारों (पुरोहित) में विश्वास नहीं करने वालों और अनार्य भाषा-भाषियों के लिए हुआ है जिनका वध किया जा सकता था या फिर जिनके

साथ लूटपाट की जा सकती थी। इनके साथ बेकनाट (सूदखोर?) जुड़े थे। ऐसे व्यापारियों, जिन पर थोड़ी कृपादृष्टि रही, के लिए ऋग्वेद में वणिज (आधुनिक 'बनिया' का पूर्ववर्ती) शब्द का उपयोग किया है और एक संदर्भ (मंडल-5, 45.6) भी मिलता है घुमंतू वणिज (जो बहुत कुछ मध्यकाल के 'बनजारा' का पूर्वज लगता है) का। ऋग्वैदिक ऋषियों की कल्पना में सामुद्रिक यात्रा की कोई भूमिका नहीं है सिवाय एक संदर्भ के जिसमें 100 चप्पुओं (मंडल-1, 116.4-5) वाले जलयान में समुद्र के सुदूर तट की यात्रा का ज़िक्र एक तीन दिन-तीन रात की यात्रा के मिथकीय संदर्भ में है। पुरातत्वशास्त्र भी इस बात की पुष्टि करता है कि इस दौर में पश्चिम एशिया से कोई वाणिज्यिक संपर्क नहीं था और ऋग्वेद के रचना काल में बलुचिस्तान के तट और फारस की खाड़ी के बीच कई चप्पुओं से चलने वाले कई जलयानों की कल्पना शायद ही की जा सकती है।

दरअसल, शिल्प उत्पादन इतने बड़े पैमाने पर होता नहीं दिखता कि आंतरिक व्यापार का पर्याप्त विस्तार हो ताकि शहरों का विकास हो सके। प्राक्-भारतीय-ईरानी भाषा में शहर या नगर के लिए कोई शब्द नजर नहीं आता और ईरानी ग्रंथ अवेस्ता में किसी शहर का ज़िक्र नहीं है। ऋग्वेद में भी लाजिमी तौर पर नगरविहीन परिवेश दिखता है। गाँव (ग्राम) का ज़िक्र बार-बार मिलता है लेकिन इसमें शहर के लिए कोई शब्द नहीं है और नगर शब्द (जो भारोपीय शब्द नहीं है) का संदर्भ बिल्कुल नहीं है। पकी ईंटों का निर्माण इतना दुर्लभ था कि ऋग्वेद में एक बार भी इसका हवाला नहीं मिलता हालाँकि प्राक्-भारतीय-ईरानी (अवेस्ता—इष्ट्य, संस्कृत इष्टका) में ज़ाहिरी तौर पर ईंट के लिए एक शब्द है। 'पुर' शब्द का उपयोग नगर के लिए बल्कि किले या कंटहरे के लिए किया गया है जो आम तौर पर आर्य कबीले के प्रधानों के बजाय अनार्य शत्रुओं के होते थे। आखिरकार ऋग्वेद में नदियों और कबीलों के नाम हैं लेकिन एक संभावित अपवाद को छोड़कर किसी जगह का नाम ऐसा नहीं है जो नगर का नाम हो सकता हो। संभावित अपवाद है एक युद्धस्थल 'हरियूपिया' जिसके बारे में कुछ विद्वानों का मानना है कि यह सिंधु सभ्यता का नगर हड़प्पा है। लेकिन हड़प्पा आधुनिक नाम है जिसका सूत्र आठवीं सदी से पहले से नहीं जुड़ता, इसलिए इसकी संभावना बहुत कम है। कुछ टीकाकारों (सायण समेत) का मानना है कि हरियूपिया नदी का नाम है।

इस लिहाज से ऋग्वेद के साक्ष्य पुरातात्विक सबूतों से आश्चर्यजनक तौर पर मेल खाते हैं। हमने देखा कि 2000 ई.पू. में शहर ग़ायब हो गए (सिंधु सभ्यता 3.1)। शहर कहलाने लायक सिर्फ पाकिस्तान के बहावलपुर में स्थित कोडवाला थेर बच गया जिसका दायरा 40 हेक्टेयर से भी कम है। यह आरंभिक कब्रगाह-एच संस्कृति से सम्बद्ध है और 1500 ई.पू. तक यह नहीं बचा था। उत्तर भारत में 700 ई.पू. के काफी समय के बाद तक नगर के आकार की कोई बस्ती अब तक नहीं मिली है।

1.4 समाज और राजव्यवस्था

आर्थिक जीवन का जो खाका हमने ऊपर (1.3) खींचा है, उससे पता चलता है कि हम नगर न होने के बावजूद यहाँ बहुत आदिम समाज की चर्चा नहीं कर रहे। आम तौर पर जो वर्णन मिलता है उसके उलट हमने देखा कि इस दौर का समाज अनिवार्य रूप पर पशुपालक नहीं था बल्कि कृषि की जरूरतों के कारण पशुपालन महत्त्वपूर्ण था। पशुओं की बड़ी रेवडें. पूंजी की तरह थीं जिसमें से खेती करने वाले अपने काम के जानवरों का उपयोग करते थे। ये रेवड़ें अतिरिक्त कृषि उत्पादन के भंडारण का भी जरिया थीं। जो वर्ग अधिशेष अपने पास रखते थे वे वर्ग, शासक और पुरोहित थे—जो बाद में क्षत्रिय और ब्राह्मण बने। ऋग्वेद के एक सूक्त (मंडल-8, 35, 16-18) की लगातार तीन ऋचाओं में अश्विन देवताओं की स्तुति इस तरह की गई है :

> अश्विन देवगण:
> *हमारी प्रार्थना (ब्रह्म) को बल प्रदान करें और हमारे विचारों को ऊर्जा दें*
> *हमारी शासन शक्ति (क्षत्र) को बल दें और हमारे वीरों (नृरिन्) को शक्ति दें*
> *हमारी दुधारू गाय को शक्ति प्रदान करें और लोगों (विश) को ताकत दें*
>
> (अनुपद छोड़ दिया गया है)

या फिर एक अन्य सूक्त (मंडल-1, 113, 6) में कहा गया है कि उषाएँ किसी को शासन करने के लिए, किसी को कीर्ति, किसी को धनोपार्जन, किसी को श्रम के लिए जागृत करती हैं। शासन करने वालों या धनोपार्जन करने वालों और महज मेहनत-मजदूरी करने वालों के बीच का वर्ग विभाजन स्पष्ट होता है।

ऋग्वेद के रचयिता स्वयं पुरोहित थे इसलिए स्वाभाविक तौर पर पुरोहितों का स्थान पहले था और उनके एवं शासकों व योद्धाओं के समान हित में था कि पशुओं और आम जनता की संख्या बढ़े जो उस अधिशेष उत्पादन का स्रोत थे जिस पर वे निर्भर थे।

समाज में एक और विभेद था जो इस सामान्य वर्ग विभाजन से आगे की चीज था। यह था कबीलों में विभाजित होना, जिसके लिए 'जन' शब्द था जिसका मतलब है लोग। इसका उपयोग कई बार इस तरह हुआ, मसलन 'पंच जना:' (—पांच कबीले या यादव जन—यदु कबीला। ऋग्वेद में विभिन्न कबीलों के लिए लगभग 30 नाम उद्धृत हैं जिनमें से कुछ की चर्चा हमें फिलहाल ज्यादा करनी है।

कबीले के निर्माण के संबंध में बहुत अनिश्चितता है। संभवत: एक कुल पुरुष के वंशज होने का दावा किया जाता था जैसे भरत कबीले 'भरत के पुत्र (वंशज)' के मामले में है। लेकिन सगोत्र विवाह या विवाह के कबीले तक सीमित होने का कोई प्रमाण नहीं मिलता। विश शब्द (एक मूल धातु से बना जिसका मतलब है

प्रवेश करना या बसना) का उपयोग कई बार एक कुटुम्ब या कबीले के उप-वर्ग को इंगित करता है हालाँकि ऋग्वेद में हुए इसके ज्यादातर संदर्भ से लगता है कि इसका मतलब लोग या प्रजा है।

कबीले में निस्संदेह परिवार सबसे महत्त्वपूर्ण सामाजिक इकाई थी। यह परिवार के मुखिया (गृहपति या दंपति) और उसकी पत्नी (स-पत्नी) पर केंद्रित था। परिवार पितृ-सत्तात्मक था, जैसा कि ऋग्वेद में पितृवित्त (पुरुष पूर्वज की छोड़ी हुई संपत्ति) और पितृयाण (पूर्वजों के तरीके) का संदर्भ मिलता है। विवाह का सबसे बड़ा वरदान था 'दस पुत्र' प्राप्त करना (मंडल-10, 85.45)। बेटियाँ विरासत की हकदार नहीं नजर आतीं और जिन लड़कियों के भाई नहीं होते थे उन्हें असुरक्षित माना जाता था (मंडल-1, 124.7; मंडल-4, 5.5), हालाँकि पर्दा प्रथा या बालिका वधु का कोई संकेत नहीं मिलता। वहीं विवाह के तुरंत बाद प्रणय-निवेदन और शारीरिक संबंध (मंडल-10, 25.27-30) का संदर्भ है और दोनों से संकेत मिलता है कि लड़कियों का विवाह युवावस्था प्राप्त करने पर किया जाता था। फिर भी अधिक उम्र तक माता-पिता के घर में ही रहने वाली बेटी को अभागी और जरूरतमंद माना जाता था। ऐसा लगता है कि विधवाओं का अपने पति के भाई से विवाह करना आम था (मंडल-10, 40.2)।

जहाँ तक परिवार के आकार का सवाल है ऋग्वेद के एक सूक्त (मंडल-7, 55; 5-8) में एक घर में रात का दृश्य है जिसमें एक लड़की और उसके माता-पिता, गृहपति (विशपति), पुरुष चहल-कदमी कर रहे हैं और महिलाएँ आंगन में सो रही हैं। इधर विवाह सूक्त (मंडल-10, 85 , विशेष तौर पर 46वीं ऋचा) में नवविवाहिता पत्नी ससुर के घर जाती है और उम्मीद होती है कि वह पति के घर में राज करेगी। इस तरह आम तौर पर परिवार मूल परिवार (पति-पत्नी बच्चे) से बड़ा होता होगा। लेकिन ऐसे वृत्तांतों के जरिए इसे निश्चित रूप से 'कुल-वंश परंपरा' करार देना मुश्किल है, जिसमें माना जाता है कि बुजुर्ग कथित तौर पर परिवार के युवा सदस्यों का शोषण करते हैं। ऐसा लगता है कि कबीले के भीतर सामाजिक वर्गीकरण, वंश की बजाय वर्ग के आधार पर होता था।

कबीले का प्रमुख राजा 'राजन्' होता था। ऋग्वेद में अक्सर ऐसे संदर्भ मिलते हैं जिनमें उद्धृत राजा कबीला विशेष से जुड़ा होता है। लेकिन राजा का क्षेत्र निश्चित भू-भाग से जुड़ा होता था मसलन ऋग्वेद के चतुर्थ मंडल (42.1) में वरुण कहते हैं 'मैं कुलीन शासक हूँ, साम्राज्य (राष्ट्र) मेरा है।' राजा कई स्तंभों वाले महल में रहता था और आम तौर पर वह सोने से सुसज्जित मिलता है। पुरोहित उनसे भारी-भरकम दान (दक्षिणा) मसलन पशु, घोड़े रथ, सोना और आभूषण की याचना करते थे, इसलिए उनके पास निश्चित तौर पर ऐसी चल संपत्ति के लिए बड़े भंडार होंगे। कम से कम एक ऋचा (मंडल-10 97.6) में 'लोगों की भीड़ में राजागण' का

हवाला मिलता है जिससे अस्पष्ट तौर पर संकेत मिलता है कि एक कबीले में एक से ज्यादा 'राजन्' होते थे, लेकिन ऐसा तभी हो सकता है जबकि इस ग्रंथ में 'राजन्' शब्द का मतलब राजा ही हो 'राजकुमार' नहीं। 'राजन्' का पद वंशानुगत था जिसका उल्लेख दो संदर्भों में होता है जिससे शाही वंशावली तैयार की जा सकती है। पुरु कुल परंपरा त्रिक्षि के साथ समाप्त होती है जबकि भरत कुल सुदास के साथ समाप्त होता है (नीचे देखें 1.5)। चुनाव का लगभग कोई प्रमाण नहीं है।

हम उम्मीद कर सकते हैं कि राजा आम सभा में अपने दरबारियों और सरदारों से घिरा होता था जो उन्हें सलाह देते थे और आदेश व घोषणाएँ सुनते थे। ऐसी सार्वजनिक सभाओं के लिए ऋग्वेद में दो शब्द—सभा और समिति का ज़िक्र मिलता है। सभा और समिति में कोई विशेष फर्क नहीं है और दोनों में से किसी भी शब्द से विशिष्ट रूप से राजा के पास एकत्र होने का संकेत नहीं मिलता। आम धारणा यह है कि इसका मतलब कुलीनों का समागम (ऋग्वेद, मंडल-10, 71.10) था। ऐसे सार्वजनिक समागम के उद्देश्यों में से जुए के लिए इकट्ठा होने को अलग नहीं किया जा सकता।

राजा और सरदार जो आम तौर पर लोगों पर शासन करते थे उन्हें क्षत्रिय की संज्ञा दी जाती थी जो क्षत्र, 'आधिपत्य या शासन' शब्द से निकला है। क्षत्रिय शब्द अभी सैनिक या सिपाही का परिचायक नहीं है, ऋग्वेद में इनके लिए योद्धा शब्द का उपयोग हुआ है। रथ, आर्यों के लिए युद्ध का महत्त्वपूर्ण साधन था और जिनके पास रथ और इन्हें चलाने के लिए घोड़े थे, वे निश्चित तौर पर कुछ प्रतिष्ठित और धनी होंगे। घोड़े से चलने वाला रथ, ऋग्वेद में उद्धृत देवताओं का वाहन बेवजह ही नहीं है। रथ के साथ-साथ पैदल सैनिक "अपने हाथों से" (मुष्टि-हत्या, मुष्टि-हन्) लड़ते थे। ऋषि इंद्र से प्रार्थना करता है : "हम अपने दुश्मनों का मुकाबला अपने हाथ से कर सकें, जबकि आप हमें रथ से मदद कर रहे हों।" मुख्य हथियार तीर (बाण, बुंद, शरू)—धनुष, बर्छी (सृक), कटार या तलवार (असि) और संभवतः कुल्हाड़ी थे। आखिरी दो हथियारों (कटार या तलवार और कुल्हाड़ी) में कांसे का उपयोग होने के कारण ये काफी महँगे होंगे।

घोड़े से चलने वाले रथ और कांसे के हथियार ऋग्वैदिक समाज में अंतर्निहित असमानता का एक और सबूत है क्योंकि सिर्फ संपन्न लोगों के पास ही ये हथियार हो सकते थे। धन और शक्ति का संबंध निश्चित तौर पर गहरा होगा। राजाओं और सरदारों के अपनी ओर से या फिर अपने कबीले की ओर से अपने पुरोहितों को उदारतापूर्वक पशु, घोड़े और सोने का दान करते हुए दिखाया गया है और ये चीजें भी उन्हें किसी और स्रोत से मिलती थीं। यह स्रोत सिर्फ उनकी प्रजा (विश) ही हो सकती है, ऋषि (मंडल-10, 173.6) स्तुति में कहता है : "इंद्र आपको विश से बलि (दक्षिणा) दिलवाएँ"। एक अन्य ऋचा में अग्नि के बारे में कहा जाता है कि

वह, ''अपनी विजय क्षमता से नहुस (या फिर एक लिहाज से आस-पास रहने वाले लोग) ने कबीलों को अपने अधीन कर उन्हें बलि देने के लिए बाध्य किया।'' इस तरह बलि थोपा हुआ दान था न कि स्वेच्छा से की गई पेशकश क्योंकि वेदों में बार-बार इसका ज़िक्र किया गया है। हालाँकि हम यह नहीं जानते कि इसकी उगाही कैसे होती थी और किस रूप में इसका भुगतान किया जाता था। संभव है कि सिर्फ पशु, घोड़े और सोना ही नहीं बल्कि कृषि उत्पाद भी इसका हिस्सा थे।

दान का पूरक स्वरूप था, लूट। ऋग्वेद में अक्सर गविष्टि, 'पशुओं के लिए धावा बोलने या युद्ध' का संदर्भ मिलता है। ऋषि उचारता है, ''इस महान संघर्ष में, पशुओं के लिए होने वाले इस युद्ध में...वीर पुरुष धनुष उठाते हैं'' (मंडल-6, 59.7)। कहीं और एक वीर (इंद्र के रूप में) की परिकल्पना की गई है जो ऐसे आक्रमण के लिए निकलता है, (मंडल-9, 76.2)। इसमें निश्चित तौर पर एक जोखिम यह था कि इस तरह के आक्रमणों में अपने कबीले के ही पशुओं से हाथ धोना पड़े, क्योंकि ऋग्वेद के समय तक गो-पय से गुप् धातु (रक्षा करना) विकसित हो चुका था। लेकिन आक्रमण करने वाले ये वीर पुरुष अगर मुख्य तौर पर आम जनता, पराए कबीले के *विश* को लूटते थे तो इसका दीर्घकालिक नतीजा यह हुआ होगा कि आम जनता की कीमत पर कुल मिलाकर शासक और योद्धा वर्ग संपन्न हुए होंगे। ऐसे आक्रमण के दौरान बंदी भी बनाए जाते होंगे इसलिए हम सुनते हैं कि दसयेव वृक ने एक गायक को दान में एक सौ दास (मंडल-8 *वालखिल्य*, 8.3 और मंडल-10, 62.10) दिए जबकि राजा त्रासदस्यु ने एक अन्य ऋषि को दक्षिणा में 50 स्त्रियाँ (वधुएँ) दीं (मंडल-8 19.36)।

1.5 आर्य और दस्यु व दास : चतुर्वर्ण का उदय

ऋग्वेद कालीन अर्थव्यवस्था और समाज का जो हमने वर्णन किया है उसमें अनार्य समुदाय जिन्हें दस्यु या दास कहा जाता था, उनकी नियति पर आर्यों की प्रव्रज्या का क्या असर हुआ इस पर पर्याप्त ध्यान नहीं दिया गया है। ऋग्वेद में आर्य के अनगिनत संदर्भों से साफ है कि इस शब्द से ऋषियों का मतलब उन लोगों (विश) से है जो ऋग्वैदिक देव-समूह के लिए यज्ञ-अर्चना आदि करते हैं और वे ऐसे रंग (वर्ण) के हैं जिन्हें इंद्र सुरक्षा प्रदान करते हैं। कम से कम शुरुआत में तो शारीरिक रूप या रंग (शब्दिक अर्थ में वर्ण) भी इसमें शामिल था क्योंकि आर्य के विपरीत हैं दस्यु जो अनास् कहे जाते हैं, मतलब बदसूरत (अन-आस्) या बगैर नाक वाले (अ-नास्) और अनार्यों का वर्णन स्पष्ट रूप से काली चमड़ी (कृष्ण-त्वच्) वाले के तौर पर किया गया है। दूसरी ओर कहा गया है कि दस्यु और शिम्यु के दमन के दौगन इंद्र ने ''गौर वर्ण वाले मित्रों के साथ मिलकर भूमि पर विजय प्राप्त की'' (मंडल-1 100.18)।

दस्यु और दास दोनों के बारे में विभिन्न जगहों पर कहा गया है कि उनकी भाषा दुरूह या आक्रामक है। इस तरह उनकी भाषा भी उन्हें आर्यों से अलग करती थी। इस सबसे स्पष्ट संकेत मिलता है कि भारतीय-ईरानी बोलियाँ बोलने वाले आर्यों के ठंडे पर्वतीय क्षेत्र या उच्चतर अक्षांश से यहाँ आए बहुत वक्त नहीं हुआ था इसलिए उनमें अभी अपने और इस उष्णकटिबंधीय मैदान में पहले से रहने वालों के रंग के बीच फर्क बरकरार रखने का भाव है। ऋग्वेद के षष्ठम मंडल (47.20-21) की ऋचाओं में ऐसे प्रव्रजन काल का स्पष्ट उल्लेख है)

देवगण, हम पहुँचे ऐसे देश जहाँ नहीं है गव्य भूमि है विस्तीर्ण
वरन हमारे लिए है सीमित
वृहस्पते, गविष्टि (पशुओं के लिए युद्ध) में करें मदद, इंद्र
इस उपासक को मार्ग दिखाएँ

दिन प्रतिदिन हराया उन्हें उन इंद्र ने जगह-जगह से
कृष्णवर्ण प्राणियों को

वीर पुरुष ने जहाँ होता है जल संचय किया वहाँ नीच-
प्रवृत्ति दासों, वर्चिन और शंबर का वध

इसके परिणामस्वरूप जो हुआ उसका गुणगान दशम मंडल (65.11) में किया गया :

मुक्तहस्त देवताओं ने सूर्य का आरोहण किया आकाश पर
और फैलाया आर्यों का धर्मयुक्त न्याय पूरी धरा पर

यहाँ उन लोगों के बारे में कुछ चीजें साफ करने की जरूरत है जिन्हें आर्य कबीले अपना शत्रु समझते थे। यह स्थापित करने की जरूरत है कि दस्यु और दास में कोई अहम फर्क था या नहीं। कम से कम दो ऋचाओं (मंडल-1, 103.3, मंडल-2, 13.9) में ऐसा लगता है कि ये नाम एक ही जैसे शत्रुओं के लिए हैं। आर्यों के शत्रु पणियों की तुलना एक ऋचा में दस्यु के साथ और दूसरी ऋचा में दास के साथ की गई है। दस्यु और दास दोनों भारतीय-ईरानी शब्द हैं। दस्यु का प्राचीन ईरानी शब्द दाइन्हू (शत्रु, जिससे शत्रु देश या सिर्फ देश बना और इसी तरह फ़ारसी में देह—गाँव) और दास, प्राचीन ईरानी शब्द दाह या दास (फ़ारसी में दाह यानि दासी) का सजातीय है। कल्पना की जा सकती है कि आम तौर पर वैकल्पिक रूप से दी जाने वाली संज्ञा अनार्य लोग अपने आपको नहीं देते थे बल्कि दो अलग-अलग किस्म के अनार्यों को ये नाम उनके ऋग्वैदिक विरोधी देते थे। ऐसा लगता है कि दासों के मुकाबले दस्युओं से ज्यादा नफरत थी क्योंकि कई बार प्रत्यक्ष रूप से दस्यु वध का आह्वान किया गया है।

लंबे समय से बार-बार कहा जाता रहा है कि ऊपर जो व्याख्याएँ दी गई उनके विपरीत ये शत्रुओं के वास्तविक नाम थे और ये दस्यु, दाह़ और पणि भारतीय ईरानी आव्रजन के पहले दौर से संबद्ध थे। दावा किया जाता है कि बाद की सदियों में पूर्वी तुर्कमेनिस्तान में पाए जाने वाले *दाह* और *परनोइ* (यूनानी लिप्यंतरण में) इन्हीं कबीलों के पीछे छूट गए लोगों के वंशज थे। इस धारणा की पुष्टि वाह्य और मध्य 'भारतीय-ईरानी' भाषाओं के वर्गीकरण से होती है। वाह्य भारतीय ईरानी भाषाएँ शायद शुरुआती दौर से निकलीं जबकि मध्य भारतीय-ईरानी भाषाएँ ऋग्वैदिक भाषा से निकलीं। हालाँकि यह बेहद अव्यवहार्य परिकल्पना है। इससे यह स्पष्ट नहीं होता कि ऋग्वेद ने मूर्धन्य ध्वनि और प्राकृत के तत्व और द्रविड़ शब्दावली कैसे प्राप्त की जबकि इनमें से कोई भी शुरुआती भारतीय-ईरानी बोलियों से नहीं निकली। यह मानना अपेक्षाकृत ज्यादा तर्कसंगत है कि ये स्पष्ट रूप से उन अजनबियों की बोली से आए जिन्हें ऋग्वैदिक ऋषि दस्यु और दास के नाम से जानते थे इसलिए अपने ऊपर थोपे गए नाम के बावजूद वे वास्तविक तौर पर अनार्य लोग थे।

ऋग्वेद से हमें दस्यु, दास और पणि के बारे में बहुत थोड़ी जानकारी मिलती है। वे कबीलों में रहते थे इसलिए उनके लिए विश:) शब्द का उपयोग किया गया है और दो कबीले, शिम्यु (शायद दस्यु समूह के जिसके साथ इनकी तुलना की जाती है) और कीकट के नाम का उल्लेख है। उनके सरदारों में शंबर, कुलितर का पुत्र, स्पष्ट रूप से सबसे शक्तिशाली था जिसके पास कहा जाता है कि 90, 99 या 100 किले (पुरा:) थे। दूसरा था वर्चिन जिसे दास और राक्षस दोनों कहा गया है, जिसके पास बहुत से सैन्य दस्ते थे। साथ ही लगभग पाँच अन्य का भी उल्लेख है और ये शायद अनार्य सरदार हैं जिन्हें राक्षस का स्वरूप दे दिया गया है। कुछ किले पत्थर और संभवत: बगैर पकाई हुई ईंटों (अम) से बने थे। कुछ मौसमी या ठंड के दिनों के लिए (शरदी) लकड़कोट थे। किसी शहर का उल्लेख नहीं है। पणी, जैसा कि हमने देखा (1.3), कुछ वाणिज्यिक गतिविधियों में लगे थे (हो सकता है कि यह कारवाँ व्यापार हो) और इसलिए वे इन हमलों के प्रति विशेष तौर पर अतिसंवेदनशील थे। हालाँकि ऐसा कोई प्रमाण नहीं है, लेकिन संभवत: 2000-1200 ई.पू. (सिंधु सभ्यता 3.2) के बीच पश्चिमी पंजाब में कब्रगाह-एच संस्कृति और इससे आगे पूर्व की ओर उत्तर हड़प्पा संस्कृति के निर्माताओं में इन दस्यु, दास और पणि की तलाश की जा सकती है। वे गेहूँ और जौ के अलावा धान और रागी उगाते थे। इस तरह उनके पास अनाज और गो-धन के रूप में जो संपत्ति थी उसके कारण ये हमले होते थे। हालाँकि सिंधु काल के शहर ग़ायब हो चुके थे। हड़प्पा से मिले 1700 ई.पू. के शीशे के एक मनके से सिद्ध होता है कि अप्रत्यक्ष वाणिज्यिक संपर्क विस्तृत होकर शीशा उत्पादक मेसोपोटामिया से जुड़ा होगा।

आर्य कबीलों ने पंजाब में कैसे प्रवेश किया और उसके बाद क्या हुआ, इसके बारे में पता लगाना संभव है, थोड़ा अस्पष्ट रूप से ही सही। यदु और तुर्वश कबीले अफगानिस्तान में सरयु (हरि-रुद) के तट पर पहुँचे और कहा जाता है कि उन्होंने दो विरोधी आर्य सरदारों (मंडल-4 30.18) की हत्या की। उनके सरदार तुर्वीति को कई दुर्ग (दासों के?) ध्वस्त करने (मंडल-1, 54.6) और सिंधु नदी पार करने (मंडल-2, 13.2) का श्रेय दिया जाता है। एक अन्य कबीले भरत ने दिवोदास अतिथिग्व के नेतृत्व में पहाड़ियों से घिरी सरस्वती जिसका मतलब यहाँ निश्चित तौर पर हरखवैति (अफगानिस्तान में अरगंदाब-हेलमंद) या सिंधु होगा, के तट पर कहीं युद्ध किया और एक असाधारण दास सरदार शंबर (मंडल-1, 112, 14 आदि) को मारा। लेकिन खुद अतिथिग्व को अन्य दो सहयोगी सरदारों समेत तूर्वयाण ने शिकस्त दी जो संभवतः तुर्वश का सरदार था (मंडल-2, 14, 7)।

भरत शायद पुरु की तरह पाँच कबीलों के उस गुट (मंडल-6, 61,12) से थे जिसका संदर्भ ऋग्वेद में अक्सर पंच जना : और पंच कृष्टि के तौर पर मिलता है। इसमें लगता है कि यदु, तुर्वश, द्रुह्यु, अनु और पुरु शामिल थे जिनका ज़िक्र एक ऋचा (मंडल-1, 108.8) में मिलता है। लगता है कि पुरु पश्चिमी पंजाब के नमक-कोह (साल्ट रेंज) के उत्तर में सुषोमा (सोहन) नदी (मंडल-8 53,1,11) के पास और सरस्वती के तट पर बसे थे। और संभव है यहाँ उस वक्त सरस्वती का अभिप्राय सिंधु से होगा। इस गुट से भरत के बाहर निकलने के बाद पांचों कबीलों के बीच फूट पड़ गई होगी। लिहाजा पुरुकुत्स के नेतृत्व में पुरु और त्रित्सु कुल (मंडल-1 63.7) के सुदास के नेतृत्व वाले भरत के बीच हुई शुरुआती संधि टूट गई होगी जो हो सकता है कि सुदास के मुख्य पुरोहित के तौर पर विश्वामित्र की जगह वशिष्ठ को नियुक्त करने के कारण हुआ हो और हो सकता है ऐसा नहीं भी हो। इसके बाद सुदास का परुष्णि (रावी) के तट पर दस राजाओं (दश-राज्ञ) के साथ वह महान युद्ध हुआ। उल्लेखनीय है कि कम से कम एक कबीले, शिम्यु, ने इस युद्ध में सुदास का विरोध किया जिसे एक अन्य ऋचा में दस्यु से जोड़ा गया गया है जिसकी वजह से सुदास के विरोधियों के निश्चित तौर पर दस्यु मित्र होंगे, दरअसल, उसके दास और आर्य शत्रुओं की चर्चा कहीं और (मंडल-8 83.1) भी हुई है। सुदास की पंच-जनाः (पाँच कबीलों) पर विजय से भरत कबीले के लिए पूरब का रास्ता खुला। एक सूक्त में (मंडल-3, 33) उन्हें विपाश (ब्यास) और शुतुद्री (सतलज) को पार करते हुए दिखाया गया है। आखिरकार उन्होंने सरस्वती (सरसुती), दृष्द्वती (चौटांग) और आपया (?) (मंडल-3, 23; 4) के जल से सिंचित हरियाणा के मैदान पर कब्जा कर लिया। संभव है उनका दायरा अब शायद यमुना को छू रहा हो। पुरुकुत्स के बेटे त्रासदस्यु के नेतृत्व में पुरु कबीले ने अपनी पुरानी प्रतिष्ठा फिर प्राप्त कर ली लेकिन उनका गृह-क्षेत्र पश्चिमोत्तर पंजाब में बरकरार रहा। उस इलाके में उनकी मौजूदगी

के कारण ही शायद स्थानीय शासक की उपाधि 'पुरु' रही होगी जिसने 326 ई.पू. में झेलम के तट पर सिकंदर को टक्कर दी थी।

कोई संदेह नहीं कि आर्यों की बसाहटों में न सिर्फ आर्यों और दास या दस्यु के बीच संघर्ष होते थे बल्कि खुद आर्य कबीलों में भी क्षेत्र और संसाधन को लेकर संघर्ष होते थे। एक ऋचा (मंडल-10 69;6) में ऋषि के संरक्षकों के लिए दास और आर्यों के बीच की घृणा शांत करने में अग्नि की सफलता के लिए उसकी प्रशंसा की गई है और हम पहले ही देख चुके हैं कि सुदास के दस्यु और आर्य शत्रुओं ने उसे टक्कर देने के लिए कैसे गुट बना लिया। ऐसी संधियों के कारण अनार्य सरदारों और जनता ने धीरे-धीरे आर्य पुरोहितों और संस्कारों को स्वीकार करना शुरू किया। इसलिए एक ऋग्वैदिक ऋषि दास बल्बूथ की उदारता (मंडल-7 61.32) की स्तुति करता है जबकि एक अन्य तुनकमिजाज ऋषि ने दस्युगण को आर्य नाम नहीं अपनाने देने के लिए इंद्र की प्रशंसा की है। कुल मिलाकर दस्यु और दास सरदारों के आर्य परंपरा में शामिल करने के ऐसे संदर्भ ऋग्वेद में विरले ही मिलते हैं। दूसरी ओर आह्लादित करने वाला एक बड़ा कृत्य है और वह है इंद्र (कभी-कभी अग्नि) का दस्युओं का वध (दस्यु-हत्या) करना। दासों की इस तरह हत्या का कोई विवरण नहीं है लेकिन, फिर भी वे संपत्ति से वंचित हैं। एक ऋचा (मंडल-8, 40; 6) में कहा गया है कि दास की ताकत खत्म करनी है ताकि 'हम इंद्र की मदद से वह संपत्ति आपस में बाँट सकें जो उसने इकट्ठा की है।' इतना तय है कि दासों की जो संपत्ति हड़प ली जाती थी उस संपदा में हो सकता है कि उनके व्यक्ति भी शामिल हों। हमने देखा है कि भारतीय-ईरानी भाषा में ग़ुलाम का मतलब दास या दाह से जुड़ चुका था। आर्यों के अच्छे नामों, मसलन दिवोदास (स्वर्ग का दास) या सुदास (अच्छा दास--देवों का) से यह सिद्ध होता है और इसी मायने में इस शब्द का प्रत्यक्ष प्रयोग भी मिलता है जिसमें दासों के बारे में कहा गया है कि वे उन्हें अपने संरक्षकों से दान के रूप में मिले हैं (ऊपर देखें 1.3)। दूसरे शब्दों में दासों के बारे में ऐसा इसलिए कहा जाता था क्योंकि बतौर ग़ुलाम उन्हें जायज इनाम माना जाता था। हालाँकि ग़ुलाम औरत के लिए दासी शब्द ऋग्वेद में नहीं दिखता लेकिन एक जगह पर स्त्रियों (वधु) को दान में देने की बात स्वीकार की गई है जो निश्चित तौर पर उस वक्त बंदी या ग़ुलाम होंगी।

दास और दस्यु जन के साथ (और प्रतिद्वंद्वी आर्य कबीलों के साथ भी) लंबे संघर्ष के कारण निश्चित तौर पर लगातार आर्य या आर्यकृत परंपरा में ग़ुलामों और अन्य अर्ध ग़ुलाम लोगों की संख्या बढ़ती रही होगी। ऐसे पराधीन लोगों ने आर्य समुदाय में पहले से स्थापित तीन वर्ण यानि शासक, पुरोहित और स्वतंत्र आम जन (देखें 1.3) के अलावा एक चतुर्थ वर्ण (चौथे वर्ग) का आधार प्रदान किया होगा। ऋग्वेद का पुरुष सूक्त मंडल-10 का 90वां सूक्त निस्संदेह इस नए चरण के समाज की तस्वीर पेश करता है। ऋग्वेद के विन्यास से पता चलता है कि पूरा मंडल बाद

में जोड़ा गया है और ऐसी भाषागत विशेषताएँ भी हैं जो हमारी काल निर्धारण की पद्धति के मुताबिक इसे कालखंड में नीचे—शायद 1000 ई.पू.—रखने के लिए आधार प्रदान करती हैं। इस सूक्त की 12वीं ऋचा में कहा गया है)

ब्राह्मण उसके (पुरुष के) मुख से,
राजन्य बना उसकी दोनों भुजाओं से।
वैश्य उसकी दोनों जंघाओं से
शूद्र हुआ उत्पन्न उसके पैरों से।

ऋग्वेद का यह अंश चतुर्वर्ण व्यवस्था का पहला ब्योरा है हालाँकि वर्ण शब्द यहाँ नहीं आता है। पुरोहित के लिए ब्राह्मण शब्द ऋग्वेद में पहले से स्थापित है और ब्राह्मण का साधारण रूप से मतलब है किसी ब्राह्मण् का वंशज या वंशानुगत तौर पर पुरोहित। राजन्य जिसका शाब्दिक अर्थ है 'राजा का आदमी, राजा का संबंधी', का ज़िक्र सिर्फ यहीं होता है, हालाँकि उत्तर-वैदिक रचनाओं में इसका उपयोग ज्यादा होता है, आम तौर पर शासक या कुलीन वर्ग के सदस्य क्षत्रिय के विकल्प के तौर पर। वैश्य शब्द का भी ऋग्वेद में कहीं और ज़िक्र नहीं होता हालाँकि बाद के दौर में यह मान्य शब्द हो गया। यह शब्द विश, 'आम जनता, प्रजा' से निकला है और शुरुआत में इसका मतलब पुरोहित और शासक के अलावा कबीले की आम जनता से होगा। शूद्र शब्द भी ऋग्वेद के इस सूक्त तक ही सीमित है हालाँकि बाद में यह चौथे या सबसे निचले वर्ण के लिए आम हो गया। इसके शाब्दिक अर्थ का पता नहीं है, और ऐसा संभव नहीं लगता है कि यह सिर्फ कथित तौर पर एक कबीले के नाम 'शूद्र' से निकला होगा। इसका मूल जो भी हो, ऋग्वैदिक सूक्त के इस शब्द ने हर उस व्यक्ति को समाहित कर लिया जिसे विजेता आर्य कबीलों ने पराजित या ग़ुलाम बनाया हो, मसलन दस्यु और दास, जिन्हें आर्यों की सामाजिक व्यवस्था में सबसे निचले अंग की तरह शामिल कर लिया गया और ये पूर्ण या आंशिक ग़ुलाम थे। आर्य और दस्यु-दास के बीच फर्क उत्तर-ऋग्वैदिक रचनाओं में कम होता जाता है जहाँ इसकी जगह पर नया विभेद, आर्य और शूद्र के बीच दिखता है। (देखें अध्याय 2.4)।

पुरुष सूक्त में जो कहा गया है उससे अधिक अर्थ निकालने के संबंध में सतर्कता बरतने की जरूरत है। इससे मोटे तौर पर उस वक्त के सामाजिक विभाजन की परंपरागत दृष्टि का पता चलता है जो अनुमानतः वंशानुगत सिद्धांत (इस तरह हर वर्ग का कथित वंशज पुरुष के अंग विशेष से निकला) पर आधारित था,। लेकिन इसके बावजूद ऋग्वेद में सगोत्र विवाह (एक ही वर्ण या कबीले में शादी) का कोई संकेत नहीं मिलता न ही विभिन्न किस्म के पेशों के वंशानुगत स्वरूप पर कोई जोर दिया जाता है।

1.6 धर्म

ऋग्वेद आवश्यक तौर पर धार्मिक ग्रंथ है, इसलिए जिस समाज में इसकी रचना हुई थी उसकी मान्यताओं और संस्कारों को जानने का समृद्ध स्रोत भी है। एक अन्य उल्लेखनीय भारतीय-ईरानी ग्रंथ, अवेस्ता, से इसकी तुलना से हमें प्राक्-वैदिक भारतीय आर्यों और प्राक्-अवेस्ताई ईरानियों के बीच, अफगानिस्तान और पूर्वी ईरान के विशाल भूखंड में हुए उस महाविभाजन से पहले के आर्य समुदाय के धर्म की रूपरेखा तैयार करने का मौका मिलता है।

उस वक्त देवताओं की संख्या मात्र तैंतीस थी जिन्हें असुर (अवेस्ता में अहुर) और देव (अवेस्ता में दैव) कहा जाता था। इसी बीच दोनों अलौकिक शक्तियों के बीच अंतर पैदा हुआ। असुर, मुख्य तौर पर ऋग्वेद के बाद, भारत में राक्षस हो गए जबकि अवेस्ता में दैव का मतलब राक्षस हो गया। अवेस्ता में प्रमुख अहुर-असुर देवता को अहुर मज़्दा कहा गया है जहाँ वह देवता हो गए और ऋग्वैदिक देव समूह में उनका प्रतिनिधित्व दिव्य स्रष्टा वरुण करते हैं। उत्तरी मेसोपोटामिया में 1400 ई.पू. के मिले मित्तानी अभिलेख में ऋग्वैदिक युद्ध देवता इंद्र, जिन्हें वरुण और मित्र के साथ प्रमुख आर्य देवता के तौर पर दर्ज किया गया है, वह अवेस्ता में, 'विजय के नायक' के तौर पर अपनी ऋग्वैदिक उपाधि *वृत्रहन्* (अवेस्ता में वेरेथ्रघ्न) के साथ मौजूद है, हालाँकि वहाँ इनकी प्रतिष्ठा कम कर छोटे-मोटे दानव के बराबर कर दी गई है। मित्र, जो ऋग्वेद में वरुण के सहयोगी हैं, वह अवेस्ता में मिथ्र, सूर्य-देवता के रूप में सामने आते हैं। मित्तानी दस्तावेज में दर्ज *नसत्तीय*, ऋग्वेद में *नासत्य* हैं जिन्हें बार-बार अश्विन कहा जाता है; अवेस्ता में उन सबको एक दानव *नाओन्हैथ्य* में तब्दील कर दिया जाता है। ऋग्वेद के मृत्यु देवता (मृतकों के नियामक) यम, जो विवस्वन्त के पुत्र हैं, वह अवेस्ता के यिम, *विवन्ह्वन्त* के पुत्र हैं। ऋग्वेद में कल्याणकारी मार्ग के निर्धारित नियम के लिए 'रित' (ऋत्) शब्द है और अवेस्ता में यह अंश (प्राचीन फ़ारसी में अर्त) है। देवताओं को खुश करने के लिए पशु-बली की प्रथा (वैदिक यज्ञ, अवेस्ता में *यस्न*) थी और इसका संचालन करने वाले पुरोहितों का वैदिक नाम होत्रि या होतार हैं जो अवेस्ता में उद्धृत ज.ओतार की तरह है। इस अनुष्ठान में ऋचाओं (मंत्र-मंथ्र) का पाठ और पवित्र पेय सोम (अवेस्ता में हओम) का पान किया जाता था जो एक पौधे से निचोड़कर निकाला जाता था। इस पौधे की अभी तक संतोषजनक रूप से पहचान नहीं की जा सकी है। अग्नि के लिए आदर इस साझा परंपरा में गहरे पैठा था और अग्नि का आवाहन करने वाले वैदिक पुरोहित *अथर्वन*, अवेस्ता में उद्धृत *आथ्रवन* जैसे हैं। लेकिन लगता है कि आग के वैदिक देवता, अग्नि की अवधारणा बाद में आई क्योंकि अवेस्ता में ऐसे किसी देवता या पारलौकिक शक्ति का उल्लेख नहीं है।

अवेस्ता में मूर्ति पूजा का कोई संकेत नहीं है और न ही ऋग्वेद में (सिवाय एक विवादास्पद संदर्भ को छोड़कर, इसके लिए नीचे देखें)। इसका मतलब है कि आर्यों

का धर्म पहले निश्चित तौर पर निराकार उपासना का रहा होगा जिसमें देवताओं के लिए इंसान, पशुओं या किसी अन्य रूप या संकेत का उपयोग नहीं होता होगा। जहाँ तक देवताओं को रूप या गुण प्रदान करने का सवाल है तो ऋग्वेद और अवेस्ता दोनों में पशु के बजाय मानव स्वरूप देने की प्रवृत्ति है इसलिए आम भारतीय-ईरानी देवता अपरिहार्य रूप से मानवरूप थे न कि पशु रूप। इसके उलट पूर्ववर्ती सिंधु धर्म न सिर्फ मूर्तिपूजक था बल्कि इसमें मुख्य तौर पर पशुरूप देवता (सिंधु सभ्यता, 2;6 और नोट 2.2) थे। गौर करने लायक बात यह है कि ऋग्वेद से पहले आर्य जिन देवताओं की पूजा करते थे उनमें न सिर्फ मित्र/मिथ्र जैसे देवता थे जो स्पष्ट रूप से प्राकृतिक तत्व थे (जैसे सूर्य) बल्कि इनकी तुलना में ज्यादा निराकार देवता भी शामिल थे, जैसे वरुण/अहुर मज़्दा, जो रित (ऋत/अश) यानि नीतिगत नियमों के संरक्षक थे और इंद्र, युद्ध के देवता थे।

ऋग्वेद जब तक पूरा हुआ यह विरासत निश्चित तौर पर बेहद समृद्ध, परिवर्द्धित और परिवर्तित हुई होगी हालाँकि मूल तत्व अभी भी बरकरार था। धार्मिक संस्कारों में अभी भी बलि का केंद्रीय महत्त्व था। ऋग्वेद के इस संस्कार में मूल रूप से एक देव या बहुत से देवताओं के उपभोग के लिए दूध, दही, घी, अनाज और मीठी रोटी अर्पित की जाती थी लेकिन विशेष तौर पर बकरे, बैल, गाय, भेंड़ और घोड़े की बलि दी जाती थी और बदले में उनसे कुछ सहायता माँगी जाती थी। प्राय: सोम अर्पित किया जाता था जो, दूध या पानी के साथ सोम के पौधे से निकाले गए रस का मिश्रण होता था। इसे इतना पवित्र माना जाता था कि सोम खुद देवता हो गया और ऋग्वेद के नवम मंडल के सभी सूक्त इसी के नाम हैं।

यज्ञ में अग्नि की बेहद महत्त्वपूर्ण भूमिका थी इसलिए देवताओं को अर्पित की जाने वाली वस्तुएँ इसमें डाली जाती थीं और बलि दिए गए पशु का मांस इसमें पकाया जाता था। इस तरह अग्नि देवता की संप्रेषण की निर्णायक भूमिका थी। वह या तो देवताओं को बलि पहुँचाते थे या फिर स्वयं देवताओं को यज्ञ-स्थल पर लाते थे। इसलिए कोई आश्यर्च की बात नहीं कि ऋग्वेद के कुल सूक्तों का पांचवां हिस्सा (करीब 200) अग्नि को समर्पित है। घरों और झोंपड़ों में आग रखे जाने के कारण भी शायद अग्नि को वह पवित्रता हासिल हुई जिससे हम परिचित हैं। लेकिन इस सबके बावजूद ऋग्वेद के सबसे महत्त्वपूर्ण देवता इंद्र हैं।

इंद्र को समर्पित करीब 250 सूक्त हैं और करीब 50 दूसरे सूक्तों में अन्य देवताओं के साथ उनकी उपासना की गई है, इस तरह व्यावहारिक तौर पर ऋग्वैदिक देवताओं में वह सर्वोपरि हैं। उनका वर्णन महानायक के तौर पर किया गया है जिनकी लंबी भुजाएँ हैं और उनका अस्त्र वज्र है। वह बारिश लाते हैं और बाढ़ का पानी निकालते हैं जो शायद राक्षस वृत्र ने जमा किया था और इसकी उन्होंने हत्या की। लेकिन सबसे बड़ी बात यह है कि वह युद्ध के देवता हैं। वह न सिर्फ राक्षसों का दमन

करते हैं बल्कि आर्यों के शत्रु; दस्यु और दासों का भी नाश करते हैं। इंद्र के आर्य उपासक जब आपस में संघर्ष करते हैं तो उनके आवाहन पर वह समाधान भी करते थे और यहाँ उनका संरक्षण कभी एक कबीले को मिलता था तो कभी दूसरे कबीले को जो स्पष्ट रूप से उनके सम्मान में दी गई बलि और भक्ति के आधार पर निर्भर था। वह जरूरत से ज्यादा सोम पीते हैं और भैंस का मांस उन्हें पसंद है; वह दो या हजार घोड़ों के रथ पर चलते हैं। वह एक शक्तिशाली राजा की दैवीय छवि के इतने अच्छे प्रतीक हैं कि वह हमें स्पष्ट रूप से बताते हैं कि राजतंत्र का उद्‌भव कैसे हुआ।

अन्य देवताओं के दूसरे काम हैं। वरुण और मित्र देवता सूर्य और आकाश की गतिविधियों का नियंत्रण करते हैं और इस तरह वे ऋत का नियमन और इसकी रक्षा करते हैं जो आकाश में होने वाली गतिविधियों और मानवीय कर्म दोनों का नियम है। इंद्र से गहरे जुड़े देवता हैं विष्णु, लेकिन बाद के ब्राह्मण मिथकों में उनका जो स्थान है, वह अभी मिलना बाकी है। बाद के दौर के शिव का पूर्वाभास ऋग्वैदिक देवता रुद्र में होता है जो वज्र चलाते हैं, जो धनुर्धर भी हैं और महाविनाश कर सकते हैं। जहाँ विष्णु को समर्पित पाँच सूक्त हैं वहीं रुद्र के नाम सिर्फ तीन सूक्त हैं। इन देवताओं से ज्यादा लोकप्रिय अश्विन (देवगण) हैं जिन्हें 'अश्वारोही' के तौर पर पेश नहीं किया गया है जैसा कि उनके नाम से लगता है, बल्कि वे घोड़े जुते रथ पर सवार होकर अपने उपासकों की रक्षा के लिए तैयार रहते हैं।

प्रकृति की प्रकट विशिष्टताओं को भी ईश्वरीय दर्जा प्राप्त था। अग्नि या आग इस दायरे में आती है, इसी तरह सूर्य का भी स्थान है जिन्हें संबोधित कर 10 सूक्त रचे गए हैं। ज्यादा लोकप्रिय हैं (20 सूक्तों के साथ), खूबसूरत उषा, भोर की देवी, जो ऋग्वैदिक ऋषियों का कवित्व बड़ी प्रबलता से जगाती हैं। सरस्वती विख्यात नदी देवी है, लेकिन अभी तक वह ज्ञान या वाक् देवी नहीं हैं और देवी सरस्वती को उस नदी से अलग करना होगा जिसका नाम भारत में सरस्वती और अफगानिस्तान में हरखवैती है। मृत्यु से छुटकारा नहीं मिल सकता और यह यम के पास ले जाता है जो मृतकों के देवता हैं। इनसे मृत्यु के बाद मिलना होता है ताकि उनके द्वारा निर्धारित स्वर्गीय सुख का आनंद लिया जा सके। ऋग्वेद में आत्मा के पुनर्जन्म का कोई संकेत नहीं है।

देवता नियमतः यज्ञ के वक्त की गई प्रार्थना पूरी करते हैं। ऋग्वेद में अनुष्ठान का ब्योरा नहीं दिया गया है लेकिन ऐसे अनुष्ठानों के वक्त पाठ किए जाने वाले सूक्तों के ठीक-ठीक शब्द और लय जिस सावधानी से संरक्षित किए गए हैं उससे स्पष्ट है कि प्रार्थना की सफलता के लिए एकदम ठीक-ठीक और शुद्ध पाठ आवश्यक माना जाता था। यज्ञ से जुड़ी अन्य प्रक्रियाएँ भी बेहद आवश्यक रही होंगी जिनका वर्णन बाद में ब्राह्मण में होता है। अनुष्ठानों की विश्वसनीयता और सूक्तों के फलदायी होने के कारण याजकों की सेवा, विशेष तौर पर यजमानों के लिए अत्यावश्यक थी जिनकी ओर से ये यज्ञ किए जाते थे। शासक और कबीले के प्रमुख

जब विशेष यज्ञ करते थे तो पुरोहित कहे जाने वाले याजक इस अनुष्ठान का संचालन करते थे। यदि यज्ञ सफल होता था तो इसका श्रेय पुरोहित को दिया जाता था। राजा सुदास के पुरोहित, वशिष्ठ का यह दावा अपने आपमें अनूठा है, उनकी स्तुति से प्रसन्न होकर इंद्र ने दस राजाओं की सेना को परास्त कर दिया (ऋग्वेद, मंडल-7, 33)। पुरोहित के बाद होत्रि का स्थान होता था जो यज्ञ कराते थे, लेकिन ऋग्वेद (मंडल-2, 1.2) में कहा गया है कि यज्ञ में छह अन्य पुरोहित मदद कर सकते हैं और आखिर में एक सामान्य कोटि, ब्राह्मण का ज़िक्र है।

ब्राह्मण पुरोहित वर्ग निस्संदेह मुख्य तौर पर याज्ञिक अनुष्ठान पर अपने नियंत्रण के कारण दान-दक्षिणा वसूलता था। हमने ऊपर (1.2) देखा कि कैसे ऋग्वैदिक सूक्तों में बेहद अतिरंजित शब्दों में ऐसी दक्षिणा का संदर्भ है जो मुख्य तौर पर वस्तु के रूप में दी जाती थी। कई अन्य संस्कृतियों, जैसे पश्चिम एशिया और मिस्त्र में पुरोहित्व की परंपरा के उलट वैदिक पुरोहिताई के पेशे में मंदिर की कोई भूमिका नहीं थी। ऋग्वेद में किसी देवता की मूर्ति या छवि का कोई ज़िक्र नहीं है लेकिन एक ऋचा (मंडल-4, 24;10) का हवाला कभी-कभी मूर्ति के संभावित उपयोग के सन्दर्भ में दिया जाता है :

खरीदेगा कौन मुझसे मेरे इस इंद्र को दस गायों के बदले?
शत्रु (वृत्रों) को परास्त करने पर, खरीदार करे वापस मुझे, उन्हें

हालाँकि इस ऋचा के रचयिता के मन में मूर्ति नहीं बल्कि स्वयं देवता हैं और ऋषि ने उनकी इतनी कृपा प्राप्त कर ली है कि वह उस कृपा को किराए पर किसी को दे सकता है।

यदि मंदिर और मूर्तियाँ नहीं थीं तब भी यह मानना बेहद साधारणीकरण होगा कि याज्ञिक अनुष्ठान जिनमें मुख्य तौर पर महान देवता शामिल होते थे, से ऋग्वैदिक धर्म की कहानी पूरी हो जाती है। ऋग्वेद में ही आम आदमी के धर्म के कुछ प्रमाण मौजूद हैं जिनमें शुरुआती चरण में पुरोहिताई आंशिक रूप से ही शामिल थी। इसमें (मंडल-4, 57) गौण चीजों को भी देवता माना गया है मसलन खेती योग्य जमीन (क्षेत्रस्य-पति) जमीन के देवता, म्यारियों की देवी (सीता), और आवास देवता (वास्तोष-पति) (मंडल 7, 54); यहाँ तक कि खल-मूसल को भी (मंडल-1, 28.5-6) पूजा जाता था। खेत की जुताई की सफलता (उद्धरण 1.1) और पशु के चारागाह से वापस लौटने के लिए भी ऋचाएँ हैं ताकि आम जीवन के सरोकारों की अनदेखी न हो।

ऋग्वेद के आखिरी मंडल में दो प्रमुख अवसरों, विवाह (मंडल-10, 85) और मृत्यु (मंडल-10 14-18) के लिए सूक्त हैं। मृतकों के निस्तारण के लिए ऋग्वेद में दाह-संस्कार (अग्नि को समर्पित करना) को तरजीह दी गई है लेकिन दफन करने (अदाह-संस्कार, अन्-अग्निदग्ध) की भी स्वीकृति है (मंडल-10, 15.14)।

निश्चित तौर पर सामाजिक रीति-रिवाजों को ब्राह्मण पुरोहित्व के दायरे में लाया जा रहा था और इस तरह भारत में धार्मिक समावेशन की लंबी और जटिल प्रकिया शुरू हुई।

ऋग्वैदिक धर्म का कोई भी वर्णन, ऋग्वेद में उद्धृत अनुमान और संशय के तत्वों के बगैर पूरा नहीं हो सकता, जिसे ठीक ही भारत में दर्शनशास्त्र का आरंभ-बिंदु माना जा सकता है। कभी-कभार ऋग्वेद के सुव्यवस्थित सूक्तों में संशयवादियों को जगह दी गई है; वे इंद्र के बारे में पूछते हैं, "कहाँ हैं वह? या कि वे वास्तव में कहते हैं कि वह नहीं हैं" (मंडल-2 12;5)। दूसरी ओर आराध्य देव की इतनी अधिक प्रशंसा की जाती है कि वह अधिष्ठाता हो जाता है। इन पंक्तियों पर तर्क के कारण आखिरकार एक अनात्म ईश्वर (क, कौन?), स्त्रष्टा, ब्रह्मांड की व्यवस्था का नियामक, उस एक (एकः) की उत्पत्ति हुई जिसकी पहचान ऋग्वैदिक सूक्त (मंडल-10, 121) में थोड़े सादे तरीके से प्रजापति (प्राणिमात्र के स्वामी) के तौर पर की गई है।

इसी तरह एकेश्वरवाद की धारा के साथ-साथ एक प्रतिकूल विचारधारा है जिसमें सृष्टि को वस्तुतः एक स्वतःप्रेरित प्रक्रिया के तौर पर देखा जाता है। ऋग्वेद के मशहूर पुरुष-सूक्त (मंडल-10, 90) में कल्पना की गई है कि पूरा ब्रह्मांड पुरुष (विराट पुरुष) के शव से निकला है जिसकी एक आदिम महायज्ञ में बलि दे दी गई थी। उसके शरीर से न सिर्फ मानव (चार वर्णों के रूप में) निकले बल्कि सूर्य, चंद्रमा और इंद्र व अग्नि देवता भी निकले।

सर्वेश्वरवाद, अनीश्वरवाद, तर्कणा और संशयवाद, दार्शनिक चिंतन के लगभग सभी तत्वों को सृष्टि को समर्पित (ऋग्वेद, मंडल-10, 129) एक बेहतरीन सूक्त की सातवीं ऋचा में शामिल किया गया है। लगता है कि एक ऋषि अपने शिष्य के साथ संवाद में ऐसे बिंदु पर पहुँचता है जहाँ हर तरह के प्रचलित मत और अनुष्ठान पीछे छूट गए और दोनों के सामने एक ही प्रश्न है जिसे अब जरूर पूछा जाना चाहिए : ब्रह्मांड क्यों और कैसे (उस प्रकल्पित सर्वशक्तिमान ईश्वर समेत) अस्तित्व में आया? इस ऋचा की गहराई निश्चित तौर पर इस रहस्योद्‌घाटन में निहित है कि इस प्रश्न का उत्तर नहीं दिया जा सकता।

1.7 संस्कृति के अन्य आयाम

ऋग्वेद हमारे लिए धर्म के अलावा संस्कृति के अन्य आयामों का भी स्रोत है इसलिए हम शुरुआत साहित्य से कर सकते हैं जिसमें ऋग्वेद के ही सारे सूक्त शामिल हैं।

हमें यहाँ ध्यान रखना चाहिए कि ऋग्वैदिक लोग लेखन कला से अपरिचित थे और भारत में चौथी सदी ई.पू. से पहले वर्णमाला के उपयोग का कोई प्रमाण नहीं मिलता इसलिए स्वर और व्यंजन में व्यावहारिक रूप से कोई फर्क नहीं दिखता और इसलिए भाषा वस्तुतः मात्रिक (सिलेबिक) थी। पदबद्ध सूक्तों के लिए मात्रा पर

आधारित छंद की रचना भारतीय-ईरानी भाषा का पुराना चलन है; ऋग्वेद की तरह अवेस्ता में छंद न सिर्फ मात्राओं की गिनती (गण) पर आधारित है बल्कि उसमें ऋग्वेद की ही तरह गायत्री छंद में निबद्ध श्लोक भी है जिसमें आठ-आठ मात्राओं वाले तीन पद होते हैं। ऋग्वैदिक सूक्तों की रचना आम तौर पर पदों में हुई, इनमें से प्राय: चार पदों से एक ऋचा बनी और हर पद में आठ, ग्यारह, या बारह या कभी-कभी पाँच मात्राएँ होती हैं। इसके अलावा एक परिमाणात्मक लय होती है जिसमें बारी-बारी से ह्रस्व और दीर्घ मात्राओं का उपयोग होता है। ऐसे छंदात्मक स्वरूपों का विकास साहित्यिक प्रगति का अहम हिस्सा है लेकिन पुनरुक्ति की प्रवृत्ति और प्रचलित विधियों के उपयोग के कारण ऋग्वैदिक सूक्तों में से कई को सही मायने में काव्य मानना मुश्किल है। दूसरी ओर उषा की स्तुति से जुड़े कुछ सूक्तों में वास्तविक काव्यात्मक सौंदर्य से भरे-पूरे अंश हैं और जहाँ तक करुण रस का सवाल है तो अक्ष-सूक्त 'जुआरी के गीत' (मंडल-10, 34 उद्धरण 1.4) का कोई मुकाबला नहीं है। संवाद सूक्तों में अख्यान और नाट्य दोनों के तत्व हैं, विशेष तौर पर जब पुरुरवा, अप्सरा उर्वशी (मंडल-10 95) को लौटाने की याचना करता है या यम अपनी बहन यमी का प्रणय निवेदन (मंडल-10, 10) ठुकरा देते हैं। ऋग्वेद में कहीं-कहीं हास्य की झड़ी भी है लेकिन शायद तंत्र-मंत्र से जुड़े मंडूक सूक्त (सप्तम् मंडल) को सर्वोच्च स्थान दिया जाना चाहिए जिसमें वेदपाठ करने वाले ब्राह्मणों की तुलना बारिश आने पर टर्राने वाले मेंढकों से की गई है।

विज्ञान से परिचय अभी भी आरंभिक स्तर का था। ऋग्वेद में अंकों के उल्लेख से स्पष्ट होता है कि बड़ी संख्या (दहाई, सैकड़ा, हजार) के लिए दशमलव प्रणाली का उपयोग होता था; लेकिन हाल की आधिकारिक पाठ्य-पुस्तकों में किया गया यह दावा कि ज्यादा बड़ी संख्या के लिए शून्य और अंकों के स्थानिक मूल्य का उपयोग होता था, बेतुकी बात है। ऐसा इसलिए भी है कि लेखन कला (ताकि अंकों का निरूपण हो सके) ही विकसित नहीं हुई थी। ऋग्वेद के पहेलिका सूक्त (मंडल-1, 164.48) में आदिम कैलेंडर का संकेत मिलता है जिसमें कहा गया है कि एक साल (सौर) में तीन ऋतु, 12 महीने (चंद्र) और 360 दिन होते हैं। इससे यह प्रमाणित नहीं होता है कि सौर वर्ष को अपने सही परिमाण में कैसे समायोजित किया जाता था, न ही यह कि इसकी शुरुआत कैसे तय की जाती थी। संक्राति या विषुव (दिन-रात बराबर होने का समय) तय करने के संबंध में कोई चर्चा नहीं है, हालाँकि विवाह सूक्त (मंडल-10 में, 82.13) में नक्षत्र ज्ञान होने का संकेत मिलता है और एक अन्य जगह (मंडल-1 24.10) पर सप्तर्षि (सप्त रिक्षस) की स्पष्ट रूप से पहचान की गई है। पृथ्वी को पहिए (मंडल-10, 89.4) की तरह देखा गया है न कि गोल वस्तु (ग्लोब) की तरह। स्पष्ट रूप से यह वृत्त क्षितिज से बनाया गया होगा।

चिकित्सा पद्धति के बारे में हमें बहुत कम जानकारी है। ऋग्वेद में कई बार (उद्धरण 1.2 देखें) भिषज, वैद्य के पेशे का ज़िक्र आया है। 'बीमारी का पता लगाने वाले' के तौर पर वह मुख्य तौर पर वनस्पति और जड़ी-बूटियों (ऋग्वेद, मंडल-10, 97) से इलाज करता था। संभव है कि व्यावहारिक अनुभव से औषधीय गुणों वाली कई वनस्पतियों की पहचान की गई होगी जिससे रोगों के कुछ लक्षणों में आराम मिलता होगा या लेप करने से घाव ठीक होता होगा। लेकिन अभी भी बहुत कुछ प्रार्थना और तंत्र-मंत्र पर छोड़ दिया जाता होगा। ऋग्वेद में ही सूर्य को संबोधित पीलिया के इलाज (मंडल-1, 50.11,12) और अश्विनों को संबोधित गर्भपात से बचाव के मंत्र (मंडल-5, 78.7-9) हैं।

मनोरंजन के लिए ऋग्वेद में विशेष तौर पर रथ दौड़ (अगि) और पांसे खेलने (अक्ष) का ज़िक्र है। रथ-दौड़ में पुरस्कार (धन, भर) मिलता था जो विजय (कार) प्राप्त करने वाले व्यक्ति को मिलता था। इस दौड़ को आयोजित कराने वाला राजा (आजि-कृत, आजि-पति) इतना महत्त्वपूर्ण था कि इंद्र का आह्वान भी इन विशेषणों के जरिए किया जा सकता था।

सारणी 1.1 कालक्रम : ऋग्वेद के संकलन के चरण

ऋग्वेद के आरंभिक सूक्त	लगभग 1500 ई.पू.
द्वितीय से सप्तम मंडल का संग्रह : छह ऋषि—	लगभग 1400 ई.पू.
प्रथम मंडल, 51-191 सूक्त	लगभग 1300 ई.पू.
कण्व कुल सूक्त : प्रथम मंडल-1, सूक्त 1-50	लगभग 1200 ई.पू.
नवम् मंडल : सोम सूक्त, मुख्य तौर पर पूर्वरचित संग्रह से उद्धृत	लगभग 1100 ई.पू.
दशम मंडल	लगभग 1000 ई.पू.

नोट : लगभग 1500 ई.पू. से लेकर 1000 ई.पू. के बीच कालखंड का निर्धारण अनुमान के आधार पर किया गया है और ऐसा सिर्फ इसलिए किया गया है कि संकलन के चरणों का क्रम दिखाने में मदद मिल सके। इसके अलावा आरंभिक सूक्तों के कुछ हिस्से तो 1700 ई.पू. के भी हो सकते हैं और कुछ सूक्त बहुत बाद के, यहाँ तक कि 800 ई.पू. के भी हो सकते हैं।

जुआरी मुख्य तौर पर पांसे खेलते थे (अनुच्छेद 1.4)। पांसे भूरे रंग के एक गिरि वाले फल से बनते थे। लेकिन यह खेला कैसे जाता था और कितने अंकों का उपयोग किया जाता था, यह अस्पष्ट है। (ऋग्वैदिक मंत्रों में 4, 5, 53 या यहाँ तक कि 150 का भी ज़िक्र है)। ये पांसे संभवत: जमीन पर खींची गई लकीरों पर फेंके जाते थे। यदि ऋग्वेद के कम से कम तीन संदर्भों के आधार पर आकलन किया जाए तो खेल में धोखा देना कोई असामान्य बात नहीं थी।

उद्धरण 1.1 : हलवाहे का गीत

ऋग्वेद, मंडल–1, 57

1. मित्र समान क्षेत्रपति (क्षेत्रस्यपति) के जरिए हम प्राप्त करें जो हमारे पशुओं और घोड़ों को करे पुष्ट, इसमें हो वह सहाय
2. गायें जैसे देतीं दूध, क्षेत्रपति, प्रदान करें मधु जल–धार उत्तेजक माधुरी, नवनीत की तरह परिशुद्ध, और नियामक हो दयालु
3. मधुर हों औषधि, द्युलोक और जल हमारे लिए, और हो मधुर अंतरिक्ष क्षेत्रपति हों हमारे लिए मधुरता से भरे और हम करें उनका अनुकरण अहत
4. हर्ष से करें काम बैल हमारे और लोग, हल हर्षित हो चलें सुखपूर्वक बाँधे जाएँ जुए; मधुरता से लगाए वह चाबुक
5. हे, शुना (हल) और हलवाहे (सीर), स्वीकार करो यह स्तुति द्युलोक में आपने जो दूध किया उत्पन्न, करें उससे इस धरा को सिंचित
6. हे कल्याणी सुभगे सीते, आओ पास, करते हम तुम्हारी वंदना और उपासना ताकि तुम हमें दो ऐश्वर्य और श्रेष्ठ फल
7. इंद्र (बारिश के देवता के रूप में) और गहरी सीता बनाएँ, सूर्य देव करें मार्गदर्शन सालों–साल इस पयस्वती (सीता) का करें हमारे लिए करें दोहन
8. फाल करें सुखपूर्वक भूमि की जुताई, हलवाहे सुख से चलें बैलों के पीछे हे पर्जन्य (मेघ देवता) मधु और दुग्ध से हमें दें आनंद, हे दिव्य हल और हलवाहे हमें संपन्नता प्रदान करें।

(आर टी एच ग्रिफिथ का अनुवाद, संशोधित)

उद्धरण 1.2 : जीवनयापन के विभिन्न साधन

ऋग्वेद, मंडल–9, 112

1. विभिन्न प्रकार के विचार और योजनाएँ हमारी, नाना प्रकार के हैं मानव/ ब्राह्मण ढूँढ़े उपासक, बढ़ई ढूँढ़े दरार (लकड़ी में, ताकि मरम्मत कर सके), वैद्य (भिषज) को है रोगी की तलाश (इलाज के लिए)
2. लोहार (कर्मार) काटने के लिए तैयार पौधों और चिड़ियों के पंख से पत्थर और प्रज्वलित अग्नि से, स्वर्ण भंडार वाले की करे तलाश
3. मैं कवि (कारु), पिता मेरे वैद्य, और माता करे कुटाई–पिसाई (उपला–परक्षिणी)/धन के लिए नाना विध करते प्रयत्न, पशु की तरह करते अपनी इच्छा का अनुसरण हम

4. अश्व चाहे हल्का रथ, प्रसन्न यजमान माँगे हास-परिहास/पुरुष चाहे संगिनी का साथ, मेंढक है बाढ़ के लिए व्यग्र

(आर टी एच ग्रिफिथ का अनुवाद, संशोधित)

नोट : हर श्लोक के साथ एक औपचारिक अनुवाक जुड़ा है, 'प्रवाहमान रहो सोम, इंद्र के लिए प्रवाहमान', शायद संकलनकर्ता ने इसे जोड़ा ताकि नवम मंडल में शामिल की जा रही रचनाओं को युक्तिसंगत ठहराया जा सके क्योंकि इस मंडल में दिव्य पेय सोम (-इंदु) को समर्पित सूक्त हैं।

उद्धरण 1.3 : नासदीय (सृष्टि) सूक्त

ऋग्वेद, मंडल-10, 129

1. आरंभ में असत् नहीं था, सत भी नहीं था, वायुमंडल नहीं था, आकाश भी नहीं था / किसका आवरण था, और कहाँ ? किसका संरक्षण ? क्या जल ही जल था अतल जल ?
2. तब मृत्यु नहीं थी, अमरत्व भी नहीं था, दिन और रात का संकेतक नहीं था / सिर्फ वह लेता था वायुशून्य श्वास, आत्मावलंबन से, उससे परे कुछ भी नहीं था।
3. तब अंधकार था, अंधकार ही से ढका, बस अस्त-व्यस्त जल ही था / जो था बस शून्य और आकारविहीन था, और तपोबल से हुआ वह पैदा
4. उसके बाद पैदा हुआ काम, मन का पहला बीज / ऋषियों ने अंतःकरण से विचार कर, अविद्यमान में की विद्यमान के मूल की तलाश
5. खींची उन्होंने (ऋषियों ने ?) एक रेखा ब्रह्मांड विभाजन के लिए, क्या था ऊपर और क्या था नीचे इसके / प्रजनक थे, तेजोबल था, मुक्त क्रिया यहाँ थी, और वहाँ थी ऊर्जा
6. वास्तव में जानता कौन और कह सकता कौन, कहाँ से जन्मी और आई / यह सृष्टि देवता आए विश्व-सृजन के बाद, फिर जान सकता कौन कि कहाँ से पहले-पहल यह आई
7. स्वयंभू थी यह सृष्टि या नहीं, वह जो सबसे पहले हुआ पैदा / परमधाम से करता जो विश्व का नियमन, वही जानता या वह भी शायद नहीं जानता (ग्रिफिथ के अनुवाद में अन्य टिप्पणियों को ध्यान में रखकर बहुत अधिक संशोधन किया गया है)

उद्धरण 1.4 : अक्ष सूक्त

ऋग्वेद (मंडल-10, 34)

1. मदमाते हैं झंझावात में ऊँचे पेड़ से टपके, ये फल बिसात पर जब लुढ़कते/ मुजवन के सोम की लंबी घूँट तरह ही बहकाते काठ के ये पांसे

2. नहीं किया कभी परेशान मुझे, न कभी क्रोध बल्कि दोस्तों और मेरे लिए रही हमेशा गरिमामय/एक अंक ही निर्णायक है जिसका, उन पांसों के कारण अपनी समर्पित पत्नी से हुआ अलग
3. परे करती है मेरी पत्नी, सास करती तिरस्कार, नहीं देता कोई उसे दिलासा/ कीमती घोड़ा हो गया हो जैसे बूढ़ा, कमजोर, वैसे ही मैं जुआरी हुआ बेकार
4. दूसरे करते स्पर्श उसकी पत्नी को, उसका धन ललचाए पांसे को, उस द्रुतगामी अश्व को/ माता, पिता और भाई कहते कि नहीं जानते उसे, अपने साथ उसे ले जाओ बाँध
5. जब ठानता नहीं खेलने की, दोस्त मेरे हो जाते अलग, छोड़ देते मुझे अकेला/ये भूरे पांसे बिसात पर जब फेंके जाते, खनखनाते, जारिणी की तरह मिलन की जगह ढूँढ़ता
6. लुढ़कते, उछलते-कूदते, निहत्थे, आदमी को करते मजबूर हाथ लगाने को/बिसात पर बिछे, अंगार की डली से, खुद ठंडे लेकिन हृदय को कर देते राख
7. जुआरी की पत्नी दुखी-लाचार, माँ मनाती शोक बेटे का जो रहता भटकता इधर-उधर/निरंतर भयग्रस्त, ऋणग्रस्त, और धन की तलाश में, जाता वह रात को दूसरों के घर
8. दुखी होता, देखता जब गृहिणी, दूसरे की पत्नी और उसके सुव्यवस्थित घर को/ प्रात:काल होता भूरे घोड़े पर सवार ठंडी हो जाती जब आग, लुढ़क जाता यह निकृष्ट की तरह

(ग्रिफिथ का अनुवाद, थोड़े-बहुत संशोधन के साथ)

नोट 1.1 : ऐतिहासिक भूगोल

इतिहास और भूगोल पहली नजर में जितने नजर आते हैं उससे ज्यादा करीब हैं। इतिहास लोगों के उस अतीत से जुड़ा है जो भौगोलिक दायरे पर काबिज होते हैं; यह दायरा पृथ्वी की ऊपरी सतह और इसे चारों ओर से घेरे हुए वातावरण से बनता है। पारंपरिक तौर पर भूगोल इस दायरे का अध्ययन करता है और यह दो भागों में बँटा होता है। पहले यानि भौतिक भूगोल में पृथ्वी की ऊपरी सतह की आकृति, जिनसे यह बनी होती है (जल, जमीन, वनस्पति, जीव) और इसकी जलवायु का अध्ययन किया जाता है। दूसरे, मानव या सांस्कृतिक भूगोल में जनांकिकीय भूगोल (विभिन्न क्षेत्रों में जनसंख्या का विस्तार), राजनैतिक भूगोल (विभिन्न देशों के बीच क्षेत्र का विभाजन) और आर्थिक भूगोल (प्राकृतिक संसाधनों व उत्पादन केंद्र, भूमि का उपयोग, व्यापार और परिवहन मार्ग आदि) जैसी शाखाएँ होती हैं। कायदे से यह कहा जा सकता है कि मानव अस्तित्व और

उद्यम का हर पहलू जिसका नक्शा तैयार हो सकता है वह मानव भूगोल के दायरे में आते हैं।

ऐतिहासिक भूगोल के दायरे में इतिहास और भूगोल दोनों शामिल होते हैं। सबसे पहले यह अतीत के भूगोल की पुनर्रचना करता है। अपनी इस पुस्तक में हम आज के मुकाबले कोई तीन हजार साल पहले (1000 ई.पू.) के भौतिक और मानव भूगोल का पता लगाने की कोशिश करेंगे। क्योंकि आज का दौर तो भूगोल के वास्तविक या व्यावहारिक दायरे में आता ही है। दूसरे शब्दों में ऐतिहासिक भूगोल समयांतराल में भौतिक और मानव भूगोल में आए बदलाव का अध्ययन करता है। दूसरे, भौगोलिक विशिष्टताओं ने कैसे ऐतिहासिक घटनाओं या प्रक्रिया के संदर्भ गढ़े, यह इसका भी अध्ययन करता है। मसलन, किसी पहाड़ी या दर्रे की अवस्थिति से यह स्पष्ट होता है कि किसी सैन्य अभियान के लिए वही खास रास्ता क्यों चुना गया। जनगणना से पहले के दौर की जनसंख्या के आकलन के लिए जंगल, रेगिस्तान, घास के मैदान और जोते गए क्षेत्रों के विस्तार का अध्ययन अक्सर जरूरी होता है और इस तरह का अध्ययन न सिर्फ जनांकिकीय इतिहास के लिए बल्कि आर्थिक इतिहास के लिए भी जरूरी होता है।

आम तौर पर, ऐतिहासिक भूगोल में भूगर्भीय युग को शामिल करना जरूरी नहीं है क्योंकि यह होलोसीन (नवीनतम युग) की शुरुआत यानि करीब 8,000 ई.पू. से हुए भौगोलिक बदलाव का अध्ययन करता है। यदि हम 'ऐतिहासिक' शब्द की व्याख्या करें तो ऐतिहासिक भूगोल को लिखित इतिहास वाली अवधि तक सीमित रखा जा सकता है। इस परिभाषा के तहत कहा जा सकता है कि ऐतिहासिक भूगोल की अवधि शुरू हुई जबकि ग्रंथों के जरिए नदियों और पहाड़ों के नाम का पता हमें पहली बार चला।

ऐतिहासिक भूगोल के लिए मूल ढाँचा स्थलाकृति फलक के साथ-साथ वर्षण और प्राकृतिक वनस्पति के मानचित्र से मिलता है। हमें याद रखना चाहिए कि होलोसीन की अल्पावधि में पहाड़ों में बदलाव आया होगा लेकिन बहुत थोड़ा। क्षरण, भूकंप और ज्वालामुखीय गतिविधियों के कारण बदलाव हुए होंगे लेकिन पहाड़ों के बीच से बहने वाली नदियों ने शायद ही अपना मार्ग बदला हो। (इसलिए हिमालय में सरसुती या सरस्वती नदी जो वस्तुतः शिवालिक पहाड़ियों से निकलती है, का स्रोत ढूँढ़ने की मौजूदा आधिकारिक पहल असफल परियोजना ही रहेगी चाहे इस पर कितनी ही राशि क्यों न खर्च की जाए।) दूसरी ओर जलोढ़ मैदान की नदियाँ आधुनिक समय तक बार-बार अपना रास्ता बदलती रही हैं और उन्हें मजबूत तटबंधों के जरिए रोके रखने के उपाय किए गए हैं।

नदी के रास्ते में ऐसे बदलाव से जल-मार्ग पीछे छूट जाते हैं और इन्हें बड़े स्थलाकृतिक (टोपोग्राफिकल) फलक (मानचित्र) और उपग्रहों के इलेक्ट्रानिक सेंसरों (जैसे लैंडसैट मानचित्र) से मिली डिजिटल छवि पर आधारित मानचित्र पर

मानचित्र 1.2 पंजाब की नदियाँ (अ) 1400 (ब) 200

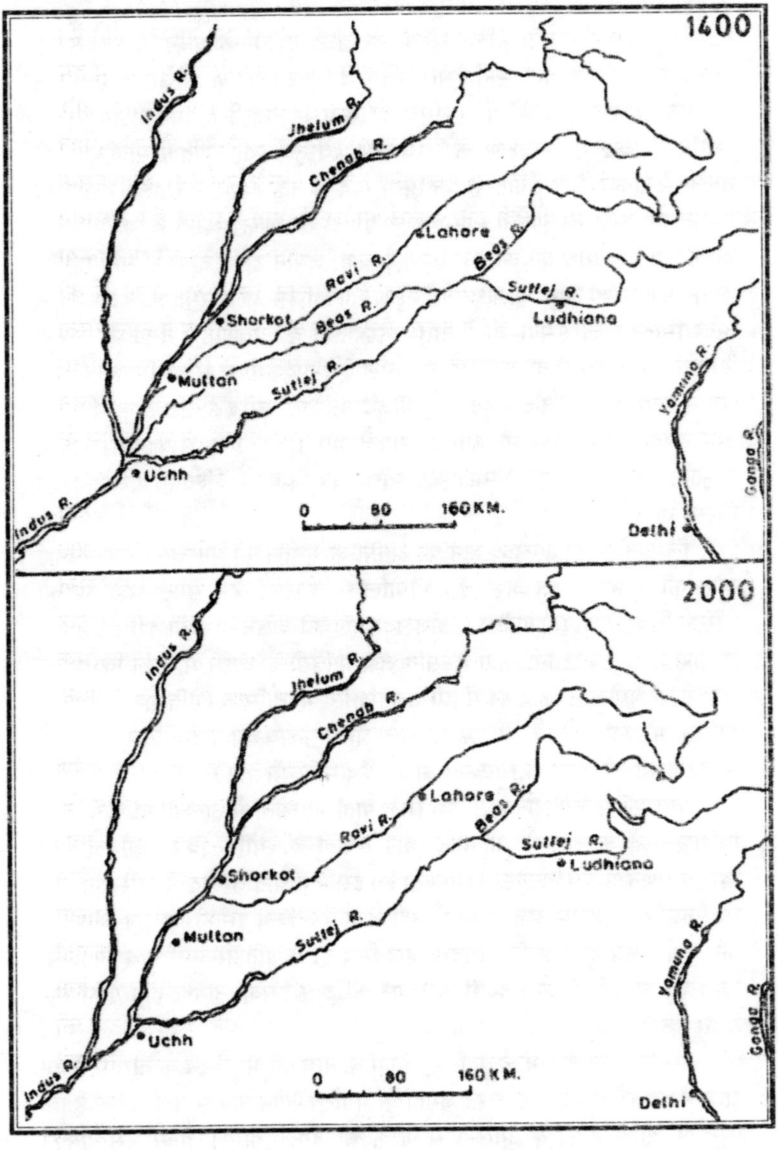

खोजा जा सकता है। पिछले दस हजार साल में इन सूखे जल-मार्गों में से सिर्फ ऐसे ही द्रोणियों में जल-प्रवाह हुआ होगा जो मौजूदा ढलान (मानचित्र पर परिरेखा के जरिए दिखाया गया है) के विपरीत नहीं बही होंगी या मौजूदा मोरियों (ड्रेनेज लाइन) (जिसे सक्रिय प्राकृतिक सोतों और छोटी नदियों के जरिए दिखाया गया) से नहीं गुजरतीं। जो जल-मार्ग ऐसा करते हैं वे जरूर पहले के, मौजूदा ढलान बनने से बहुत पहले के दौर के होंगे। समुद्र तट रेखा भी बदली है और अलग-अलग अवधि में किए गए सर्वेक्षण के आधार पर विस्तृत स्थलाकृतिक मानचित्रों की तुलना से संकेत मिल सकता है कि किस गति से नदी विशेष का डेल्टा समुद्र की कीमत पर फैला है। मानचित्र से एक उल्टी तस्वीर मिल सकती है कि समुद्र के अपने तटीय अवरोध को कमजोर करने से कहाँ जमीन उसके दायरे में समा रही है। इसके अलावा भी समुद्र-तल बढ़ता-घटता रहा है जिसे आज समुद्र तट या समुद्र के अंदर मिलने वाले समुद्री जीवों और वनस्पतियों के अवशेष में देखा जा सकता है। भारत के पश्चिमी तट पर पाए जाने वाले ऐसे अवशेषों से संकेत मिलता है हिम युग में ऊपर उठने के बाद समुद्र तल, मौजूदा स्तर पर करीब 5,000 ई.पू. में पहुँचा और उसके बाद से अभी भी ऊपर उठ रहा है और 1,000 ई.पू. में यह इससे करीब दो-तीन मीटर ऊपर रहा होगा। यह स्वाभाविक रूप से वैश्विक परिघटना का हिस्सा था।

लिखित प्रमाण उपलब्ध होने पर अतीत के भूगोल की पुनर्रचना में महत्त्वपूर्ण स्रोत की भूमिका अदा करते हैं। भौगोलिक विवरण, जैसे मुगल साम्राज्य की विस्तृत विवरणिका (गैजेटीयर), अबुल फजल की आईन-ए-अकबरी (1603), या सातवां सदी के चीनी यात्री ह्वेनसांग जैसे यात्रियों के वर्णन से काल विशेष का राजनैतिक भूगोल तैयार करने में हमें उल्लेखनीय मदद मिली। ऐतिहासिक ग्रंथों से हमें यह भी पता लगता है कि छह सौ साल पहले पंजाब की नदियाँ कैसे उन रास्तों से बहती थीं जो आज से बिल्कुल अलग हैं (मानचित्र 1.2)।

विवरणों से जब जानकारी नहीं मिल पाती तो स्रोतों में उल्लिखित भौगोलिक विशिष्टताओं के नाम से भी मदद मिल सकती है क्योंकि किसी और दौर के विस्तृत वर्णन में इस उल्लेख हो सकता है। इसलिए यदि ऋग्वेद में अस्किनी नदी का ज़िक्र है, यह नाम अब चलन में नहीं बचा है लेकिन इसकी पहचान चेनाब से कर पाना संभव हुआ क्योंकि सदियों बाद सिकंदर के इतिहासकारों ने वर्णन किया कि सिंधु के पूर्व में उसने दूसरी नदी पार की और इसका नाम उन्होंने ऐकेसिन्स उद्धृत किया।

प्राचीन काल के भूगोल के लिए जगहों के नाम को भी साक्ष्य के तौर पर लिया जाता है। ढाका और ढाक्का जैसी जगहों के मुगलकालीन नाम से पता चलता है कि ऐसे नाम वाली जगहों के आस-पास 'ढाक का जंगल' होगा। लोनार जैसे नाम से संकेत मिलता है कि नमक और नाइट्रेट का कार्य-व्यापार होता होगा। मध्यकालीन

राजमार्ग का पता जगह के नाम के साथ जुड़े सराय और घाटी जैसे शब्दों से लगाया जा सकता है। आम प्रचलित शब्द कोट और गढ़ से किले का संकेत मिलता है) हालाँकि ज्यादातर अब बचे नहीं हैं)। बीते दौर का राजनैतिक भूगोल जगहों के नाम में भी स्पष्ट होता है) इस तरह पश्चिमोत्तर सीमा प्रांत में हजारा व हाजरो और पश्चिमी पंजाब से संकेत मिलता है कि वे तेरहवीं सदी में मंगोल के नियंत्रण में थे क्योंकि मंगोल सेना की टुकड़ी और उसकी सहायक इकाइयों को हजारा कहते थे। नामशास्त्र के छात्र जगहों के नाम पर भाषाशास्त्रीय असर का परत दर परत पता लगा सकते हैं) जैसे कोट और ऐसे शब्द प्रोटो-द्रविड़ भाषा से लिए गए हैं। आबाद शब्द फ़ारसी (न कि अरबी) भाषा के असर का द्योतक है। मेर (राजस्थान), पत (हरियाणा और दिल्ली) और मऊ (उत्तरप्रदेश) जैसे शब्द, बोलियों के इतिहास के लिए भी उतने ही दिलचस्प हैं जो इन जगहों के नाम के पीछे लगे हैं। इसलिए जगहों के नाम, सांस्कृतिक इतिहास और ऐतिहासिक भूगोल बड़ी पेचीदगी से एक दूसरे से गुँथे हैं।

नोट 1.2 : संदर्भग्रंथ संबंधी टिप्पणी

पूर्व वैदिक आर्य पर हाल में प्रकाशित लघु पुस्तकें जिनमें रामशरण शर्मा की *ऐडवेंट आफ द आर्यन्स इन इंडिया,* दिल्ली, 1999; राजेश कोछड़ की *वैदिक पीपल) देयर हिस्ट्री एंड जियोग्राफी,* हैदराबाद, 2000 और रामेंद्र नाथ नंदी की *आर्यन्स रीविजिटेड,* दिल्ली, 2001 शामिल हैं। जार्ज एर्डोसी द्वारा संपादित *द इंडो-आर्यन्स आफ एंशियेंट साउथ एशिया : लैंग्वेज, मटीरियल कल्चर एंड एथ्निसिटी,* बर्लिन, 1995 (सस्ता भारतीय संस्करण 1997) और थामस आर ट्राटमैन (संपादक) के *द आर्यन डीबेट,* दिल्ली, 2005 में शामिल कई सूचनाप्रद शोधपत्र शामिल हैं। रोमिला थापर की *फ्राम लीनियेज टू स्टेट,* 1984, दूसरा अध्याय जिसमें उनकी ऋग्वैदिक समाज के बारे में राय है कि यह वंशावली आधारित समाज था। इस संबंध में और ऋग्वैदिक समाज के अन्य आयामों के लिए देखें सुवीर जायसवाल की *कास्ट : ओरिजिन, फंक्शन एंड डाइमेंशंस आफ चेंज,* दिल्ली 1998, तीसरा अध्याय।

ए ए मैक्डानल और ए बी कीथ के *वैदिक इंडेक्स आफ नेम्स एंड सब्जेक्ट्स,* दो खंडों में, लंदन, 1912 (कई भारतीय पुनर्मुद्रण) में ऋग्वेद के साक्ष्य और बाद के वैदिक ग्रंथों का संग्रह और उनका आलोचनात्मक विश्लेषण। वैदिक इंडेक्स में धार्मिक पक्ष को छोड़ दिया गया है; इस कमी की भरपाई ए बी कीथ ने अपनी *रिलीजन एंड फिलासाफी आफ द वेद एंड उपनिषद्स,* दो खंडों में, कैंब्रिज (अमेरिका), 1925 में की है। ऋग्वेद के साहित्यिक पक्ष के लिए देखें मारिस विंटरनिज की *ए हिस्ट्री आफ इंडियन लिटरेचर,* पहला खंड (जर्मन में लिखी गई किताब के अंग्रेजी अनुवाद का लेखक द्वारा किया गया विस्तृत संशोधन), कलकत्ता,

1927) पुनर्मुद्रण, दिल्ली, 1972, पृष्ठ 52–119। अपनी व्यापकता और संतुलित निरूपण के कारण इन ग्रंथों की उपयोगिता बरकरार है।

राल्फ टी एच ग्रिफिथ का अंग्रेजी में ऋग्वेद का अनुवाद, द *हायम्स आफ ऋग्वेद, ट्रांस्लेटेड विद पाप्यूलर कमेंट्री,* दूसरा संस्करण, लंदन, 1896; भारत में जे एल शास्त्री के संपादन में पुनः प्रकाशित, दिल्ली, 1973 (अलग पृष्ठांकन के साथ) हालाँकि कुछ पुराने ढर्रे का है लेकिन इनका कोई सुयोग्य उत्तराधिकारी भी नहीं हुआ।

ऋग्वेद के भूगोल से जुड़े प्रमुख तथ्यों का सार-संक्षेप इरफ़ान हबीब और फ़ैज हबीब की *ऐटलस आफ एंशियेंट इंडियन हिस्ट्री,* नयी दिल्ली, 2012, पाँचवें अध्याय में है। हमारे मानचित्र 1.1 ऐटलस के पांचवें मानचित्र पर आधारित हैं।

भारत के ऐतिहासिक भूगोल के अध्ययन में एक महत्त्वपूर्ण मोड़ आया जबकि ह्वेन सांग के भारत संबंधी विवरण ने ऐलेक्जेंडर कनिंघम को उल्लेखनीय कृति द *एंशियेंट जियोग्राफी आफ इंडिया* लंदन, 1871 (कई पुनर्मुद्रण) के लिए प्रेरित किया। भारत का सबसे शानदार मानचित्रीकरण अभी भी जोसफ ई श्वार्जबर्ग (संपादित) *ए हिस्टोरिकल ऐटलस आफ साउथ इंडिया* शिकागो, 1978 में ही हुआ है।

उत्तर वैदिक समाज, लगभग 1000 से 700 ई.पू.

2.1 ऋग्वेद के बाद के वैदिक ग्रंथ; अवेस्ता

परंपरागत मान्यता के मुताबिक, ऋग्वेद मौखिक रूप से प्रसारित साहित्य का सबसे प्राचीन ग्रंथ (संहिता) है जिससे वेद (शाब्दिक अर्थ—ज्ञान) निर्मित होता है। ऋग्वेद के अतिरिक्त तीन अन्य वेद हैं, सामवेद, यजुर्वेद और अथर्ववेद जिनमें नाम के अनुरूप यज्ञ कराने वाले तीन अलग-अलग तरह के पुरोहितों क्रमशः सामन् या उद्गात्र (गायक), अध्वर्यु (यजुस् के तौर पर जाने जानेवाले सूत्रों का पाठ करने वाला) और अथर्वन या अंगिर (अग्निहोतृ) के लिए आवश्यक ज्ञान है।

सामवेद तीन पाठांतरों (संहिताओं) में उपलब्ध है जिनमें से कौथुम शाखा को सबसे अधिक प्रामाणिक माना जाता है। इसमें याज्ञिक उद्गातृ के गीत हैं जो लगभग सबके सब मामूली हेर-फेर के साथ ऋग्वेद से लिए हुए हैं। इन गीतों के गायन के तरीके और लय एवं सुर को महत्त्व देने के कारण सामवेद की महत्ता व्यावहारिक तौर पर भारतीय संगीत के इतिहास में पहले ग्रंथ के तौर पर है लेकिन ऐतिहासिक स्रोत के तौर पर यह बहुत महत्त्वपूर्ण नहीं है। सामवेद के स्रोत मुख्य तौर पर ऋग्वेद के अष्टम् और नवम् मंडल के सूक्त हैं जिससे स्पष्ट होता है कि इसका संचयन ऋग्वेद के बड़े हिस्से के संकलन (ऊपर सारणी 1.1 देखें) के बाद ही किया गया और यह 1,000 ई.पू. से पहले का शायद ही हो।

यजुर्वेद दो अलग-अलग ग्रंथों से बना है, कृष्ण और शुक्ल यजुर्वेद। कृष्ण यजुर्वेद चार संहिताओं में उपलब्ध है जो एक दूसरे से गहरे जुड़े हैं और इनमें से तैत्तिरीय संहिता को प्रतिनिधि संहिता माना जा सकता है। कृष्ण यजुर्वेद की लाक्षणिक विशिष्टता यह है कि इसमें मंत्र या श्लोक के अलावा उस अनुष्ठान की व्याख्या या विमर्श भी है जिसके लिए मंत्रोच्चार किया जा रहा है। शुक्ल यजुर्वेद सिर्फ वाजसनेयी-संहिता के तौर पर उपलब्ध है जिसके थोड़े अलग-अलग दो पाठांतर हैं। इसमें पूरी तरह से प्रार्थना और ऋचाएँ हैं, कोई गद्य व्याख्या नहीं है। इसके चालीस खंडों में पूर्वार्द्ध की प्रार्थनाएँ कृष्ण यजुर्वेद से मिलती-जुलती हैं, इस तरह यह शेष खंडों के मुकाबले ज्यादा पुरातन हिस्से का प्रतिनिधित्व करता है। लोहे (श्याम) के संदर्भ (अध्याय-18,13) का मतलब है कि इसका प्राचीनतर हिस्सा भी 1000 ई.पू. से

पहले का नहीं हो सकता। कृष्ण यजुर्वेद की मैत्रायणी-संहिता में भी लोहे का इसी तरह का संदर्भ मिलता है।

अथर्ववेद निस्संदेह बाद के तीन वेदों में सबसे महत्त्वपूर्ण है हालाँकि हमेशा से ही पवित्रता के लिहाज से इसके निम्न स्तरीय होने का संकेत मिलता है। इसका नाम 'अथर्वन का ग्रंथ' होने के बावजूद विस्तार (शौनक शाखा में 20 मंडलों में 731 ऋचाएँ हैं) और विषय-वस्तुओं की विविधता के लिहाज से इसकी तुलना सामवेद या यजुर्वेद के मुकाबले ऋग्वेद से ज्यादा हो सकती है। इसमें निश्चित तौर पर ऋग्वेद से बहुत अधिक उद्धरण ग्रहण किए गए हैं जिनमें से आधे, सबसे बाद के हिस्से यानि दशम मंडल से लिये गए हैं। इससे संकेत मिलता है कि अथर्ववेद का संकलन ऋग्वेद को एकत्र करने के बाद किया गया। इसके अलावा इसमें गद्य, (15वें और 16वें मंडल में) भी है जो कम प्राचीन है और यह हमें ब्राहण की भाषा का स्मरण कराता है। इसके भूगोल से भी एक ऐसे क्षेत्र का संकेत मिलता है जो ऋग्वेद में ज्ञात क्षेत्र के सुदूर पूर्व में है (नीचे देखें 2.2) इसलिए यह हिस्सा जो ऋग्वेद (6/7 हिस्सा) से उद्धृत नहीं है, स्पष्ट रूप से आर्यों के विस्तार के अगले या बाद के चरण को दर्शाता है। आखिरकार लोहे के संदर्भ (मंडल-3, 3.1.7) से इसके बाद के दौर (1000 ई.पू. के बाद) के होने का अंतिम साक्ष्य मिल जाता है, हालाँकि इसमें कुछ तत्व बहुत समय पहले के भी हो सकते हैं।

कृष्ण यजुर्वेद में अनुष्ठान का विवरण तो गद्य में था ही, कालांतर में याज्ञिक अनुष्ठान के उद्‌देश्य और प्रक्रिया की व्याख्या करने वाले ग्रंथों का अलग संग्रह बना। इन ग्रंथों को ब्राह्मण कहते हैं जिसका शाब्दिक अर्थ है 'ब्राह्मण् के वचन'। हर वेद एक या एक से अधिक ब्राह्मणों से जुड़ने लगे इसलिए ये निश्चित तौर पर संबद्ध वेद के बाद तैयार हुए होंगे। सबसे प्राचीन ब्राह्मण जो भाषा और विषय-वस्तु के लिहाज से वैदिक काल के करीब माने जा सकते हैं, वे हैं ऋग्वेद से संबद्ध ऐतरेय और कौषीतकि या शांखायन ब्राह्मण, सामवेद से जुड़े जैमिनेय और पंचविंश; कृष्ण यजुर्वेद से जुड़ा तैत्तिरीय और शुक्ल यजुर्वेद से संबद्ध शतपथ। हालाँकि धार्मिक ग्रंथ के तौर पर इनकी विषय-वस्तु पर विमर्श नीचे 2.5 में किया जाएगा लेकिन यह कहा जा सकता है कि इसमें उत्तर वैदिक काल के जीवन के विभिन्न पहलुओं के लिहाज से मूल्यवान स्रोत हैं। ऐसा अथर्ववेद से जुड़े ब्राह्मणों जिसमें गोपथ शामिल है, के बारे में आम तौर पर नहीं कहा जा सकता। जो कालक्रम हमने अपनाया है उसके हिसाब से आरंभिक ब्राह्मणों को 900 से 700 ई.पू. के बीच के काल खंड में रखा जा सकता है।

ब्राह्मण से दो किस्म के ग्रंथ जुड़े हैं जिनके बारे में बाद में माना गया कि इनसे वेदांत 'वेद का अंत' बना, इस लिहाज से कि इसमें वैदिक संग्रह के आखिरी खंड और ज्ञान के तौर पर वेद का अंतिम लक्ष्य दोनों निहित हैं। पहला संग्रह आरण्यक

'अरण्य ग्रंथों' से बना है जिसमें आत्मा और अनुष्ठान के रहस्य हैं जिन्हें सिर्फ अरण्य के एकांत में ही व्यक्त किया जा सकता है। उपलब्ध आरण्यक ग्रंथ ऋग्वेद और कृष्ण एवं शुक्ल यजुर्वेद के ब्राह्मणों से संबद्ध हैं। आरण्यक बहुत थोड़े हैं इसलिए इन पर वे ग्रंथ हावी हो जाते हैं जो इन्हीं से आकार ग्रहण करते हैं—उपनिषद। कहा जाता है कि उपनिषद, शब्द उप-नि-सद से निकला, 'किसी के पास बैठना ' और अति गोपनीयता से अभिव्यक्ति के अर्थ एक से दूसरे तक संप्रेषित करना और इसलिए इसका तात्पर्य रहस्यम्, रहस्य या मर्म से है। उपनिषद में विभिन्न तरह के तत्व हैं, गोपनीय अनुष्ठान और जादू-टोने से लेकर दार्शनिक अनुमान तक। अनगिनत उपनिषदों जिनकी संख्या संभवत: 200 से अधिक है, में से कुछ ही वैदिक युग के हैं। इनमें ऐतरेय, कौषीतकी, तैत्तिरीय, वृहदारण्यक, छांदोग्य और जैमिनेय (केन समेत) उपनिषद शामिल हैं। बाद के कुछ उपनिषद जो ज्यादातर पद्य में लिखे गए और ब्राह्मण की भाषा और शैली से उल्लेखनीय तौर पर अलग हैं, वे बुद्ध के समय (500 ई.पू.) से पहले के हो सकते हैं। ऐसे ग्रंथों में काठक, श्वेताश्वतर, महा-नारायण, ईशा, मुण्डक और प्रश्न उपनिषद शामिल हैं। लेकिन ये बुद्ध के दौर के बाद के भी हो सकते हैं इसलिए बाद के इन उपनिषदों का इस्तेमाल उत्तर वैदिक पुरोहित्व की धारणा के लिए स्रोत की तरह करना खतरनाक हो सकता है।

ब्राह्मण ग्रथों के बाद और आरंभिक उपनिषद के दौर में ऐसे ग्रंथ आए जिन्हें एक बड़े खंड में रखा जा सकता है जिसे वेदांग कहते हैं, औपचारिक तौर पर 'वेद के अंग' लेकिन दरअसल ये वैदिकोत्तर काल के ग्रंथ हैं। इस साहित्य का बड़ा हिस्सा हैं सूत्र ग्रंथ, सूत्र का अर्थ है धागा, जिसमें नियम संक्षिप्त रूप में व्यक्त किए गए थे संभवत: आसानी से याद रखने के लिए। सबसे प्राचीन सूत्र ग्रंथ ब्राह्मण विशेष से जुड़े हैं और आरंभिक सूत्रों में 'कल्प' अनुष्ठान का वर्णन है जो ब्राह्मण ग्रंथों में निबद्ध श्रौत यज्ञ (इसलिए श्रौत सूत्र) या फिर घरेलू स्तर पर (गृह्य) यज्ञों (गृह्य सूत्र) से जुड़े हैं। इन अनुष्ठानों के सिद्धांतों से व्यापक नियम (धर्म) बने जिससे धर्म सूत्र की रचना हुई। दूसरी ओर कल्प-सूत्र में ऐसे ग्रंथ हैं जिसमें यज्ञशाला और अग्नि की वेदी बनाने के लिए पैमाइश (शुल्व, नापने की रस्सी) का ज़िक्र है। इनमें से ज्यादातर ग्रंथ निस्संदेह बुद्ध के बाद के दौर या यहाँ तक कि 400 ई.पू. के बाद के भी हैं, इसलिए इन दोनों का उपयोग इससे पहले के दौर के स्रोत की तरह नहीं किया जा सकता। फिर भी इन्होंने ब्राह्मण ग्रथों में अप्रत्यक्ष रूप से वर्णित कई रीति-रिवाज को स्पष्ट करने में मदद की है।

इसी तरह की भूमिका वैदिक संहिताओं में शिक्षा-सूत्रों ने निभाई जो शिक्षा या ध्वनि विज्ञान से जुड़ा है। यह विज्ञान जिसकी चर्चा तैत्तिरीय उपनिषद में हो चुकी है, जो पवित्र ग्रंथों (संहिता पाठ) के सही उच्चारण से जुड़ा था, लेकिन इसमें शब्दों (पद) का पृथक्करण (पद-पाठ) भी शामिल था, जिससे व्याकरण की

आरंभिक झलक मिलती है। इससे पहले यास्क का निरुक्त आता है जो ऋग्वेद के शब्दों के अर्थ का भाष्य है और यह संभवत: पाणिनी (चौथी सदी ई.पू.) से पहले का है। आखिर में जिन ग्रंथों की रचना हुई उन्हें अनुक्रमणी कहते हैं जो वेदों से जुड़े विषयों की 'तालिका' या सूची हैं मसलन ऋचा विशेष के रचयिता और वैदिक छंद और देवता। ऋग्वेद के लिए कात्यायन की एक विशद सर्वानुक्रमणी है। ये रचनाएँ प्राचीन हैं लेकिन इनमें वैदिक काल के होने का कोई दावा नहीं किया गया है। कई आरोपणों मसलन ऋग्वैदिक सूक्तों के रचयिताओं के नाम आदि, को स्वीकार नहीं किया जा सकता है जिसकी स्वाभाविक वजह यह है कि स्वयं ऋग्वेद में इनका कोई उल्लेख नहीं मिलता। हालाँकि इन ग्रंथों का सबसे बड़ा योगदान यह है कि ये अपने विस्तृत विवरणों से आश्वस्त करते हैं कि लगभग 400 ई.पू. में भी संहिताओं का स्वरूप वैसा ही था जैसा कि हम उन्हें आज देखते हैं। इससे वैदिक ग्रथों को अपने समय का उपयुक्त प्रामाणिक दस्तावेज मानने के हमारे भरोसे को बल मिलता है।

हम देखेंगे (अध्याय 2.2) कि ऋग्वैदिक क्षेत्र का कुछ हिस्सा अवेस्ताई दायरे में आता है इसलिए ईरान के प्राचीन धर्मग्रंथ, अवेस्ता की कुछ विशिष्टताओं का ज़िक्र करना सबसे अच्छा होगा। अवेस्ता दो हिस्से में है। पहला है प्राचीन अवेस्ता जिसमें गाथाएँ यानि आनुष्ठानिक गीत और *यस्न हफ्तंगैती* शामिल है जो लयबद्ध गद्य रचना है। गाथा के बारे में पारंपरिक तौर पर माना जाता है कि इनकी रचना जरथुस्त्र (जोरोस्टर) ने की जबकि *यस्न हफ्तंगैती* के किसी रचनाकार के बारे में कोई जानकारी नहीं हैं। ये रचनाएँ उसी प्राचीन ईरानी भाषा में हैं जिसकी शब्दावली और व्याकरण ऋग्वेद की भाषा के बहुत करीब है। माना जाता है कि इसका रचनाकाल संभवत: 1000 ई.पू. के बाद का नहीं होगा। दूसरा हिस्सा है नव अवेस्ता जिसमें विभिन्न प्रकार की रचनाएँ हैं और इसकी भाषा प्राचीन अवेस्ता की भाषा से बहुत अलग है। साथ ही इसके अपने अलग-अलग खंडों में ही भाषागत विभिन्नता है। नव अवेस्ता की रचनाएँ करीब 900 ई.पू. से 400 ई.पू. तक की हो सकती हैं। कुल मिलाकर प्राचीन और नवीन अवेस्ता की ज्यादातर रचनाएँ उत्तर वैदिक काल की हैं।

2.2 राजनैतिक इतिहास

उत्तर वैदिक साहित्य में वर्णित भौगोलिक संदर्भों की तुलना ऋग्वेद से करें तो पता चलता है कि रचनाकारों का इलाकाई दायरा उल्लेखनीय रूप से दक्षिणपूर्व की ओर खिसक गया है। (मानचित्र 2.1 देखें) ।

ऋग्वेद में जो व्यावहारिक रूप से आर्य क्षेत्र की दक्षिणपूर्व सीमा थी वह अब ऐतरेय ब्राह्मण में मध्य भूमि (मध्यमा प्रतिष्ठा दिशू) थी। इस क्षेत्र में जिन कबीलों

मानचित्र 2.1 उत्तर वैदिक क्षेत्र

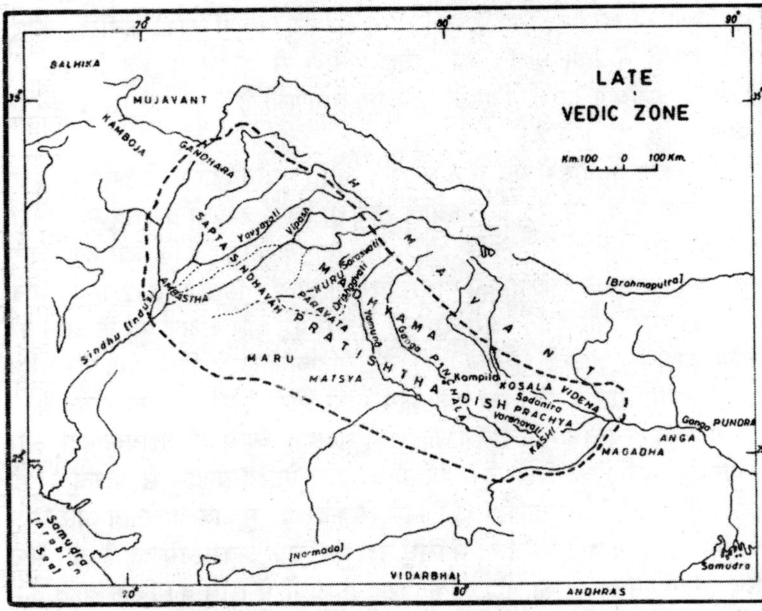

के वास का ज़िक्र मिलता है वे थे कुरु, पंचाल, वश और उशिनर। कुरु कबीले का इलाका कुरुक्षेत्र था जो वर्तमान में इसी नाम से मौजूद शहर के आस-पास फैला जनपद था और इसकी सीमाओं का उल्लेख तैत्तिरीय आरण्यक में है। सरस्वती (आधुनिक सरसुती) और दृशद्वती (संभवतः मौजूदा चौटांग) से उत्तर वैदिक ऋषि परिचित थे और रचनाओं में यमुना नदी का भी ज़िक्र मिलता है। मजे की बात है कि गंगा का ज़िक्र अथर्ववेद में नहीं मिलता है लेकिन शतपथ ब्राह्मण में इसका उल्लेख है और तैत्तिरीय ब्राह्मण में गंगा और यमुना के दोआब में रहनेवालों के लिए विशेष सम्मान पर जोर दिया गया है। यह क्षेत्र अब पवित्र मध्य भूमि का हिस्सा है यह शतपथ ब्राह्मण के एक संस्करण में उद्धृत एक कथन में स्पष्ट होता है कि सदानीरा नदी (वर्तमान में शारदा-घाघरा के रूप में पहचानी जाने वाली) कुरु-पंचाल क्षेत्र को कोसल और विदेह के क्षेत्र से अलग करती थी।

आखिरी दो कबीले (कोसल और विदेह), संभवतः, अभिजात आर्यों के सुदूर पूर्व में रहने वाले अंग थे और यदि बाद के संदर्भों के आधार पर आकलन करें तो वे क्रमशः पूर्वोत्तर उत्तर प्रदेश और उत्तरी बिहार में बसे थे; लेकिन यदि शतपथ ब्राह्मण (उद्धरण 2.1) का दूसरा संस्करण सही है और इन दोनों कबीलों को भी सदानीरा नदी अलग करती थी तो हम अनुमान लगा सकते हैं कि उत्तर

वैदिक काल में ये दोनों पूर्वी उत्तर प्रदेश में शारदा-घाघरा के दोनों तरफ रहते थे। इस धारणा को कौषीतकी उपनिषद (चौथा अध्याय, 1) में काशी कबीले (काशी या वाराणसी में रहने वाले) को विदेह कबीले से जोड़ने से बल मिलता है। दरअसल वर्णावती (वर्ण, जिसके नाम पर वाराणसी है) का उल्लेख अथर्ववेद (चौथा कांड, 7.1) में है।

अथर्ववेद के दौर में पूर्व में और आगे अंग (पूर्वी बिहार) और मगध (मध्य बिहार, गंगा के दक्षिण में) जैसे कबीले रहते थे, जिन्हें ऋषियों का शत्रु माना जाता था क्योंकि इस संहिता (मंडल-5, 22;14) में कामना की गई है कि ज्वर उनके पास चला जाए। मगध के बाशिंदों को परंपरा विरोधी व्रात्य (15वां कांड, 2;1-4) माना जाता था। इससे और पूर्व (उत्तरी बंगाल) में बसे पुंड्र और दक्षिण पूर्व के आंध्र को ऐतरेय ब्राह्मण (आठवाँ अध्याय 18) को बहिष्कृत करार दिया गया है। मगध कबीले के विपरीत ये लोग तब तक आर्य भाषा और संस्कृति से अप्रभावित थे।

पश्चिम के संबंध में पंचविंश ब्राह्मण में सुदामन, व्यास की सहायक नदी, और यव्यावती (रावी) का ज़िक्र है। अंबष्ठों का पता ऐतरेय ब्राह्मण से चलता है। हो सकता है वे वही 'अबस्तानोइ' हों जिनसे सिकंदर का मुकाबला चेनाब और सिंधु के संगम पर हुआ था। अथर्ववेद में सिंधु नदी का ज़िक्र अक्सर मिलता है और सप्त सिंधु (सप्त सिंधवः) का भी। लेकिन बाद के ग्रंथों में सिंधु का ज़िक्र बहुत कम होने लगा और फिर इसका संदर्भ हमेशा दूरी दर्शाने के लिए होने लगा। अथर्ववेद (मंडल-5, 22;5, 7, 9, 14) में ही गंधारी (गंधार के बाशिंदे, पश्चिमोत्तर पंजाब), मूजवन (हिंदूकुश पर्वत शृंखला में रहने वाले) और बाह्लिक (बल्ख के बाशिंदे, उत्तरी अफगानिस्तान) के लिए इतनी नफरत का संदर्भ मिलता है कि इनके लिए प्रार्थना की गई कि ज्वर उनके पास चला जाए। यह सब ऋग्वेद से बेहद अलग है जिनके रचयिताओं के लिए अफगानिस्तान परिचित भूमि थी।

पश्चिमोत्तर में वापसी की व्याख्या शायद नए अवेस्ता में मिलती है। यहाँ इस ग्रंथ में विदेवदाद, के नाम से जाने जानेवाले ईश्वर (अहुर मज्दा) के बारे में कहा गया कि उसने अपने कृपापात्रों के लिए 16 देश (दहियु) बनाए। इनमें से एक बखदी (बल्ख) है जो अथर्ववेद में उद्धृत बह्लिकों से मेल खाता है और चार अन्य के नाम ऋग्वेद में वर्णित नदियों के नाम पर हैं : हारोई (ऋग्वैदिक सरयू), हरखवैती (सरस्वती), हप्त हेंदू (सप्त सिंधवः) और रंगा (रसा)। इसके अलावा एक और अवेस्ताई दहियु, वैकारत, ऋग्वेद (सप्तम मंडल, 19;11) के वैकर कबीले का क्षेत्र हो सकता है। हप्त हेंदू (पंजाब) और संभवतः वैकरत को छोड़कर सभी इलाके सिंधू के पश्चिम में पड़ते हैं। इस सूची से अनुमान लगाया जा सकता है कि जिस काल में बाद के अवेस्ताइ ग्रंथों की रचना हुई, माना जाता था कि पश्चिमी पंजाब समेत इन सभी क्षेत्रों के निवासी अवेस्ताई रीति-रिवाजों का अनुसरण करते

थे। (देखें मनचित्र 2.2)। इस विशाल क्षेत्र में भारतीय-आर्य भाषाओं की जगह पूर्वी ईरानी भाषा (जिसकी पूर्वी सीमा आज सिंधु के बेहद करीब है (देखें सिंधु सभ्यता, मानचित्र 3.3) तभी ले ली होगी जबकि उत्तर वैदिक काल में अवेस्ताई घुसपैठ हुई थी। ऋग्वेद के आरंभिक टीकाकार, यास्क (करीब 400 ई.पू.) को पता था कि कंबोज (काबुल क्षेत्र के लोग) अन्य आर्यों (भारतीय आर्य) से अलग भाषा बोलते थे।

जिन दो घटनाक्रमों—भारतीय-आर्यों का गंगा घाटी में और ईरानियों का भारतीय सीमांत क्षेत्र व पश्चिम पंजाब में प्रवेश—का हमने पता लगाया है, संभव है कि वे युद्ध और विजय के साथ घटित हुए होंगे। वैदिक कबीलों को गंगा घाटी के अनार्य शत्रुओं पर विजय धनुष और घोड़े से चलने वाले रथ से मिली (वाजसनेयी,

मानचित्र 2.2 अवेस्ता का क्षेत्र

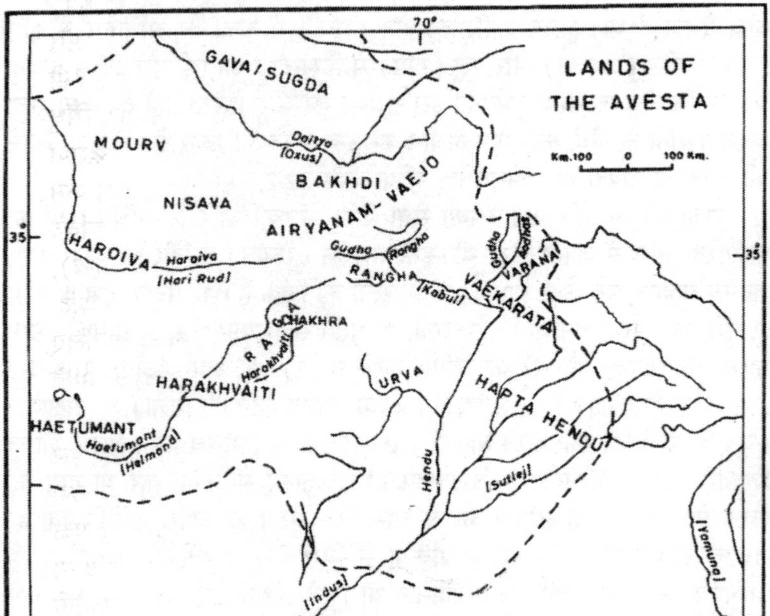

अध्याय-29, 30-35) लेकिन 800 ई.पू. के बाद इसमें लोहे के हथियारों (देखें 2.3) की भी मदद मिली होगी। दूसरी ओर यदि लोहे का उपयोग उत्तर भारत के मुकाबले पूर्वी ईरान और अफगानिस्तान में भी हुआ हो, जिसकी जोरदार पुष्टि पुरातात्विक अवशेषों से होती है, तो लोहे का फायदा ईरानियों को भी उसी तरह मिला होगा जब उन्होंने इससे पहले भारत के पश्चिमोत्तर में वैदिक जनों से मुकाबला किया होगा।

विस्तृत होते (और बदलते) वैदिक क्षेत्र में अपेक्षाकृत ज्यादा सुदृढ़ सैन्य ताकत ने स्पष्ट रूप से अधिक शक्तिशाली राजतंत्र और बड़े साम्राज्य की जमीन तैयार की। राज (राजन) का ज्यादा अतिशयोक्तिपूर्ण गुणगान होने लगा और ऋग्वेद के मुकाबले अधिक विशेषाधिकारों की स्वीकृति मिली। अथर्व वेद, मंडल-20 122.7-10 में राजा परिक्षित का संदर्भ है जिसमें न सिर्फ उसने अपनी प्रजा कुरुजनों को 'शांति और विश्राम' दिया बल्कि वह दरअसल 'विश्वजनपति और देवतुल्य (मरणधर्माओं के बीच देवता)' था। अपने आधिपत्य क्षेत्र (राष्ट्र) में राजा के अधिकार में गाँव (ग्राम), घोड़े (अश्वेषु) और पशु (गोप) में हिस्सेदारी आ गई और इंद्र से प्रार्थना की गई कि वे राजा के शत्रुओं को इस राजस्व का कोई हिस्सा नहीं दें। स्वयं राजा अपने दुश्मनों के गाँवों को अपने अधीन कर उन्हें अपने अधिकार क्षेत्र से बाहर करने की आकांक्षा रखता था (अथर्ववेद, चौथा कांड 22.2,7)।

राजा की बढ़ती ताकत उसकी सेवा में लगे दरबारियों और अधिकारियों की पारंपरिक सभा से जाहिर होती थी। इन्हें राजरत्न (रत्नीन) के तौर पर जाना गया। शतपथ ब्राह्मण, पथ-5.3.1.1-11 में इन रत्नों का ज़िक्र है) 1. सेनानी (सेनापति), 2. पुरोहित (मुख्य धर्माचार्य), 3. रानी, 4. सूत (सलाहकार ?), 5. ग्रामणी (ग्राम प्रमुख या शायद, गाँव से कर संग्रह करने वाला), 6. क्षत्री (अंत: पुराध्यक्ष) 7. संग्रहीतृ (रथवाहक), 8. भाग्दुघ (वितरक, शायद वेतन देने वाला), 9. अक्षावाप (जुए के पांसे की रक्षा करने वाला), 10. गोविकर्तन (गोवध करने वाला, शायद शिकारी), और पालागल (संदेशवाहक)। संहिताओं में बलि, कर या दाय का ज़िक्र मिलता रहता है लेकिन कर के वास्तविक मूल्य का ब्योरा नहीं मिलता है। राजस्व अब जटिल और समृद्ध प्रक्रिया से घिरा था। शासक के राज्यारोहण में अभिषेक की एक विशेष विधि शामिल थी जिसे अथर्ववेद (मंडल-4, 8.1) में राजसूय का नाम दिया गया है, यजुर्वेद और ब्राह्मण ग्रथों में इस संस्कार का ब्योरा दिया गया है। इसके बाद घोड़े की बलि (अश्वमेध) का महत्त्व बढ़ता गया जो जमीन के हर उस हिस्से पर राजा के अधिकार के दावे का द्योतक था जहाँ-जहाँ बलि का यह घोड़ा जाता था।

ऐतरेय और शतपथ दोनों ब्राह्मणों से हमें जनमेजय के अश्वमेध की जानकारी मिलती है जो कुरु राजा परिक्षित का वंशज था। ऐसा लगता है कि हरियाणा में

केंद्रित कुरु साम्राज्य ने बाद में क्रिवि जन को मिला लिया था जो स्पष्ट तौर पर पश्चिमोत्तर से आए थे। ऋग्वेद (मंडल-8, 20.24-25) के एक सूक्त में संदर्भ है कि क्रिविजन सिंधु और चेनाब के किनारे बसे थे और इसके बारे में कहा गया है कि (शतपथ ब्राह्मण पथ-13, 5.4.7) बाद में अपने एक राजा क्रैव्य के शासनकाल में इसने पंचाल नाम ग्रहण कर लिया। बाद के दौर में उत्तर प्रदेश के पश्चिमोत्तर मैदान में काबिज पंचाल को फिर इसी ब्राह्मण के तीसरे पथ, 2.3.15 में और अन्य वैदिक रचनाओं में कुरु के साथ जोड़ (कुरु-पंचाल) दिया गया है।

इसलिए यजुर्वेद की अलग शाखाओं में कुरु-पंचाल का ज़िक्र भरत कबीले के पर्याय के तौर पर होने लगा जो ऋग्वेद के दौर के मुकाबले बड़ा कबीला था। ऐतरेय ब्राह्मण में दो भरत शासकों, भरत दौ:षंति व शतानिक के अभिषेक का ज़िक्र है और शतपथ ब्राह्मण में उनके यमुना और गंगा क्षेत्र में अश्वमेध करने का उल्लेख है। शतानिक का संदर्भ अथर्ववेद में मिलता है और शतपथ ब्राह्मण में यह जोड़ा गया कि उसने काशी के राजा धृतराष्ट्र को हराया। इस तरह हम देखते हैं कि विशाल भरत साम्राज्य का गठन हुआ जो हरियाणा से लेकर गंगा-यमुना दोआब की निचली सीमाओं तक फैला था।

तीन अन्य साम्राज्यों—काशी, विदेह और कोसल—का ज़िक्र है। धृतराष्ट्र के अलावा काशी के एक और राजा की जानकारी हमें वृहदारण्यक और कौषीतकी उननिषद से मिलती है जिसका नाम था अजातशत्रु। विदेह के तीन राजाओं का ज़िक्र है : शतपथ ब्राह्मण में माथव जो संस्थापक हैं (उद्धरण 2.1), पंचविंश ब्राह्मण में नमी साप्य और वृहदारण्यक उपनिषद में जनक। कौषीतकी उपनिषद में विदेहों को काशी कबीले से जोड़ दिया गया है। दोनों कबीले किसी समय एक साम्राज्य के दायरे में आते होंगे। पूर्वी उत्तर प्रदेश के कोसल का भी शतपथ ब्राह्मण में संदर्भ है जिसमें इसके एक शासक पर आटणार का उल्लेख है जिसने अश्वमेध किया था।

हमें 1000-700 ई.पू. के काल के राजनीतिक इतिहास की पुनर्रचना के लिए वैदिक साहित्य से जानकारी ऐसे टुकड़ों-टुकड़ों में मिलती है कि हम इसकी सिर्फ धुँधली सी तस्वीर तैयार कर सकते हैं। लेकिन अस्पष्ट रहना बेहतर है बजाय इसके कि महाकाव्यों (रामायण और महाभारत) और विभिन्न पुराणों में दर्ज बाद की परंपराओं से इस तस्वीर को भर लिया जाए। इसकी वजह यह है कि बाद के वर्णन न सिर्फ बदली हुई परिस्थितियों से भरे पड़े हैं बल्कि वे अक्सर रचनात्मक प्रतिभा की कृति हैं या फिर प्रचलित परंपरा को सँवारने और बढ़ा-चढ़ाकर कहने की कोशिश। इसलिए यदि कोई ऐतिहासिक तत्व हो भी तो इसे आसानी से प्राप्त नहीं किया जा सकता। आगे देखेंगे कि मुख्य वैदिक ग्रंथों में श्रीलंका के आक्रमण या महाभारत युद्ध जैसी विनाशकारी घटना का ज़िक्र नहीं है, इसलिए ऐसी घटनाओं को स्वयं वैदिक ग्रंथों से लिए हुए साक्ष्य के तौर पर थोपा नहीं जा सकता।

अवेस्ता के मामले में भी लगभग यही स्थिति है। बाद की परंपराओं में अनुमान लगाया गया कि पैगंबर और अवेस्ताई गाथाओं के रचयिता जरथुस्त्र का एक राजकीय संरक्षक था विश्तास्प जिसने पैगंबर की हिमायत करने के साथ-साथ एक साम्राज्य भी खड़ा किया। लेकिन अवेस्ताई गाथाओं में वर्णित विश्तास्प सिर्फ 'कौउई' है, एक विशेष प्रकार का पुरोहित (वैदिक कवि, कवि-पुरोहित), शासक कतई नहीं। वैसे भी अवेस्ता में राजनैतिक तत्व बहुत कम हैं इसलिए हम सीमांत क्षेत्र और सिंधु घाटी का आंशिक राजनैतिक इतिहास भी तैयार नहीं कर सकते। फिर भी विदेवदाद में वर्णित 16 दहियु या क्षेत्र काम के हो सकते हैं क्योंकि इससे संकेत मिलता है कि इनमें से बहुत से इलाकों ने अब क्षेत्रीय राज्य की पहचान हासिल कर ली थी, उसी तरह जैसा कि बुद्ध के समय (500 ई.पू.) 16 महाजनपदों (विस्तृत क्षेत्र) में बहुत से करने वाले थे। दोनों ही सूचियों में कुल संख्या 16 होना अजीब संयोग है।

2.3 अर्थशास्त्र

वैदिक क्षेत्र के सिंधु घाटी से गंगा घाटी की ओर खिसकने, जिसकी चर्चा हम ऊपर कर चुके हैं, का अर्थ है कि ऊपरी गंगा घाटी में भी आर्यों की बसाहट साथ-साथ हो रही थी। इस प्रक्रिया में निश्चित तौर पर जंगल की कटाई शामिल रही होगी क्योंकि मैदानी भाग में साल में 75 सेंटीमीटर बारिश (और उस वक्त वनाच्छादित क्षेत्र अधिक होने के कारण शायद इससे भी ज्यादा होती होगी) होने के कारण जमीन काफी हद तक घने जंगलों से ढँकी रही होगी। आग के जरिए जंगल की सफाई का वर्णन शतपथ ब्राह्मण के एक अद्भुत अंश में मिलता है (उद्धरण 2.1)। यहाँ ऋग्वेद में वर्णित किसी सूत्र के जादुई असर पर जोर देते हुए जोड़ा गया है कि कैसे अग्नि को आगे बढ़ाया गया और सरस्वती और सदानीरा (शारदा-घाघरा?) के बीच का पूरा क्षेत्र जलाया गया। नदी के पूर्व की सारी भूमि 'कृषियोग्य बिल्कुल नहीं थी और बेहद दलदली' थी इसलिए बाद में पूर्व की ओर बढ़ते हुए ब्राह्मणों को भूमि साफ करने के लिए फिर से अग्नि का आह्वान करना पड़ा जिसके बाद यह भूमि 'बेहद कृषियोग्य' हो गई। विदेघों (विदेहों) के राजा ने पूरे रास्ते अग्नि का अनुसरण किया इसलिए विदेह सदानीरा के पूर्व और कोसल के दूसरी ओर बस गए।

निश्चित रूप से एक ऋग्वैदिक ऋचा के दावानल को पूर्व की ओर प्रज्जवलित करने और इसके बाद उत्तर प्रदेश के मैदान में किसानों के खेती शुरू करने के अलावा इसके पीछे कुछ और भी निहित था। इस गतिविधि के पीछे एक वजह सतलज और यमुना के बीच बहने वाली जलधाराओं में सिंचाई के पानी की सीमित उपलब्धता रही होगी। अथर्ववेद के तृतीय मंडल के 13वें सूक्त में नदी के पानी को जल-प्रणाली में लाने के लिए मेड़ काटने के मौके के लिए एक प्रार्थना है और

पंचविंश ब्राह्मण के 25वें कांड में हमें मौसमी नदियों पर ऐसी ही परिपाटी का पता चलता है। सरस्वती, विनाशना में और दृशद्वती, त्रिप्लाक्षा (जगह का पता नहीं है) में विलीन हो गयी जिसके कारण इनका पानी घग्गर-हाकरा नदी में नहीं गया और ये भी सूखने लगीं जिसका पता इनके तटों पर रिहायशी बस्तियों की संख्या कम होने से लगता है।

ऐसे हालात में निश्चित तौर पर किसानों का यमुना के पार गंगा घाटी में प्रव्रजन हुआ होगा जहाँ प्रचुर मात्रा में बारिश के मद्देनजर सीधे नदी के पानी पर निर्भरता से छुटकारा पाया जा सकता था। ऐसे प्रव्रजन से निस्संदेह जंगल की सफाई के लिए आग के उपयोग की जरूरत हुई होगी लेकिन आग लंबे समय से कृषक समुदायों के लिए जंगल की सफाई का जरिया रहा होगा और इनमें वे समुदाय भी शामिल हैं जो 1500 ई.पू. में (सिंधु सभ्यता 3.3) गंगा घाटी में बसे थे। यहाँ यह देखने की जरूरत है कि क्या आर्यों के पास अब नयी तकनीक और औजार थे जिससे उन्हें जमीन को खेती योग्य बनाने में अपने पूर्ववर्तियों के मुकाबले बहुत अधिक सफलता मिली।

मसलन, लोहे की कुल्हाड़ी पेड़ों और जलने के बाद बचे ठूँठ की कटाई में मुख्य रूप से सहायक रही होगी। शुक्ल यजुर्वेद में (वाजसनेयी, अध्याय-पाँच, 43) उस कुल्हाड़ी का गुणगान करता है जो 100 शाखाओं वाले वृक्ष को काट डालता है। बगैर सुराख वाली कुल्हाड़ी जो अपेक्षाकृत कम कारगर थी, अतरंजीखेड़ा (दोआब) में मिली है और 700 ई.पू. से ज्यादा पुरानी नहीं है; लेकिन मथुरा के पास नोह में हत्थे वाली कुल्हाड़ी मिली है जिसकी कालक्रम 800–400 ई.पू. तय किया गया है। दरअसल यदि सुराख वाली कुल्हाड़ी उत्तर वैदिक काल में उपयोग में आ जाती तो पेड़ काटने में इससे बहुत मदद मिलती। लेकिन पुरातत्व विज्ञान ने अभी तक खेती के काम आने वाले लोहे के औजारों मसलन, हल के फाल के तौर पर हँसिया या दरांती की मौजूदगी की पुष्टि नहीं की है जो इस काल के हों।

बहुत संभव है कि कृषि विस्तार के लिए लोहे का महत्त्व मुख्य तौर पर 700 ई.पू. के बाद की बात हो। इससे पहले हल-बैल ने जमीन को उर्वर बनाने में ज्यादा बड़ी भूमिका निभाई। सही है कि हल और गाड़ी के लिए भारवाहक पशु के तौर पर बैल के इस्तेमाल का सिंधु घाटी (सिंधु सभ्यता, 1.3) का लंबा इतिहास है लेकिन पशुओं को पालतू बनाने की प्रक्रिया दक्षिणी और पूर्वी भारत में 1500 ई.पू. से पहले प्रमाणित होती है हालाँकि गाड़ी और हल का उपयोग प्रमाणित नहीं होता। इसलिए इसके बदले खंती और कुदाल का उपयोग होता होगा। हल के उपयोग के ऋग्वैदिक साक्ष्य की चर्चा पहले ही की जा चुकी है (अध्याय 1.2)। अथर्ववेद के तीसरे मंडल के 17वें सूक्त में ऋग्वेद के 'हलवाहे के गीत' (उद्धरण 1.1) के बहुत से हिस्से की पुनरावृत्ति है, अथर्ववेद के चतुर्थ मंडल के 30वें सूक्त में इंद्र 'हल देवता' हैं, मरुत

देवगण और उनके हलवाहे हैं और अष्टम् मंडल के नौवें सूक्त में छह बैल (और षष्ठम् मंडल, 91;1, तो यहाँ तक कि आठ बैल) जुते हल (सीर) की कल्पना की गई है और इसमें विवरण वैसे ही आते हैं जैसे कुछ ब्राह्मणों में उद्धृत हुए हैं। कृष्ण यजुर्वेद की संहिताओं में हल से जुते बैलों की संख्या 12 तक पहुँच जाती है। संभवत: जो हल, पत्थर के बड़े फाल से लदे होते थे और यह जंगल को कृषि योग्य बनाने के बाद भी जमीन में बचे ठूँठ के टुकड़ों और जड़ों को हटाने के लिए आवश्यक था, उन्हें बहुत से बैल खींचते थे। ऐसी भी संभावना है कि ऋग्वैदिक काल से ही ज्ञात घिरनी (पुली) के उपयोग ने आर्य किसानों को एक और सुविधा प्रदान की कि वे अपेक्षाकृत सूखे महीने में बैलों की मदद से कुएँ से सिंचाई कर सकते थे।

वाजसनेयी संहिता (शुक्ल यजुर्वेद) (उद्धरण 2.2) में हमें दर्जन भर फसलों की सूची मिलती है। ये हैं 1. चावल, 2. जौ, 3. उड़द (फैसियोलस मंगो), 4. तिल, 5. मूंग (फैसियोलस रेडियेटस), 6. कुल्थी, 7. कंगनी (चीनी बाजार), 8. चीना या साधारण बाजरा (पैनिकम मिलिएसियम), 9. सांवा या गरीबों का बाजरा (पैनिकम फ्रूमेटासियम), 10. जंगली धान, 11. गेहूँ और 12. मसूर। इनमें कुछ, मसलन धान, जौ, उड़द और तिल का वर्णन अथर्ववेद में है और बाद के एक सूक्त (मंडल-1, 34) से स्पष्ट है कि अब गन्ने (इक्षु) की खेती होती थी। जंगली धान को छोड़कर उक्त 12 फसलों में से नौ अनाजों की अवधि पुरातत्वशास्त्र के मुताबिक 1500 ई.पू. (सिंधु सभ्यता, 3.1) से पहले की प्रमाणित की गई है। जिन तीन नई फसलों की चर्चा पहले नहीं हुई है उनमें गन्ना साफ तौर पर बेहद महत्त्वपूर्ण है।

हम धार्मिक ग्रंथों से ये उम्मीद नहीं कर सकते कि वे उस दौर में उगाई जाने वाली सभी फसलों की पूरी सूची प्रदान करें इसलिए आश्चर्य नहीं होना चाहिए, यदि 1500 ई.पू. से पहले उगाए जाने वाले तीन प्रमुख मोटे अनाजों, मसलन बाजरा, ज्वार और रागी का ज़िक्र यहाँ नहीं मिलता जहाँ, सुदूर गंगा घाटी में शायद इन ऋचाओं की रचना हो रही थी। कपास का संदर्भ न मिलने की व्याख्या करना मुश्किल है। (अश्वलायण श्रौतसूत्र में कपास के उल्लेख से मदद नहीं मिलती क्योंकि यह बहुत बाद का ग्रंथ है।)

आर्य जीवन के अंग के तौर पर कृषि ने पशुपालन और शिकार को इतना महत्त्वहीन बना दिया कि जो कृषि या वाणिज्य कर्म नहीं करते थे उनका उल्लेख पंचविंश ब्राह्मण में व्रात्य, विदेशी या बहिष्कृत के तौर पर किया गया। लेकिन खेती और परिवहन के लिए पशुपालन आवश्यक उद्यम था और जहाँ तक बैल का सवाल है तो वह हल व गाड़ी खींचता था और उसके पानी निकालने में मदद करने से सिंचाई भी हो पाती थी। इसलिए शतपथ ब्राह्मण के तीसरे पथ, 1.2.21 में घोषणा की गई है कि 'गाय और बैल निस्संदेह पृथ्वी पर हर चीज का आधार हैं'।

इसे ही उस निषेधाज्ञा का आधार माना जाता है जिसमें कहा गया कि गाय और बैल का मांस नहीं खाना चाहिए। ऐसे किसी समादेश की कल्पना मांस और दूध पर विशुद्ध रूप से निर्भर पशुपालक समुदायों में नहीं की जा सकती। (हालाँकि सभी इस उद्घोषणा से सहमत नहीं थे और यह उसी प्रकरण में स्पष्ट हो जाता है जिसमें आखिर में याज्ञवल्क्य के कथन को उद्धृत किया गया है : "मैं, तो, ये खाता हूँ, बशर्ते नरम हो।")

ऐसी परिस्थितियों में स्वाभाविक था कि संपत्ति की अवधारणा किसी के पास कितनी संख्या में पशु हैं इससे जुड़ी रही हो। अथर्ववेद के 20वें मंडल, 127;6 में, ऋषि स्मरण करता है कि कैसे 6,090 ऋचाएँ गाने के बाद पुरोहितों को ऊँटनियों के साथ 20 ऊँट, 100 सोने की हंसुली, 300 घोड़े और 10,000 गायें मिलीं और वह विस्मय से कह उठता है :

हे उद्गाता, ऐसी ऋचा रचो जो लाएँ पशु, लाएँ धन-धान्य,
धनुर्धर करे अपने वाण का संधान, वैसे ही देवता से करें प्रार्थना यह

गंगा घाटी में और वन भूमि साफ हुई इसलिए हाथियों से मुठभेड़ बढ़ी होगी। इसकी चर्चा ऋग्वेद में दो बार हुई है लेकिन अथर्ववेद में इसका उल्लेख बार-बार होता है। यजुर्वेद (वाजसनेयी, 30वां कांड, 2) में हस्तिप (महावत) का उल्लेख मिलता है जिससे स्पष्ट होता है कि इस समय तक हाथी को पालतू बनाया जाने लगा था। जानवरों की दुर्गम भू-भाग में ढुलाई करने की क्षमता और युद्ध में इसकी महत्त्वपूर्ण उपयोगिता के कारण इस घटना का बाद में उल्लेखनीय परिणाम हुआ होगा।

फिर भी भैंस को पालतू बनाना आर्थिक तौर पर ज्यादा सार्थक सिद्ध हुआ होगा और संभव है कि ऐसा होना शुरू हो गया हो लेकिन इस पशु से जुड़े संदर्भों से इसका कोई निश्चित प्रमाण नहीं मिलता है।

औजार-निर्माण के मामले में हम, धातुविज्ञान के बारे में उपलब्ध जानकारी पर गौर कर सकते हैं। वाजसनेयी-संहिता (उद्धरण2.2) में छह धातुओं; सोना, कांसा, लोहा, तांबा और टिन का ज़िक्र है। अथर्ववेद, मंडल-11, 3.7-8, में भी लोहे, तांबे, टिन और सोने के साथ-साथ सीसे (मंडल-12, 2.1,19) का उल्लेख है। चांदी का ज़िक्र अन्य ग्रंथों में मिलता है। इस तरह सिंधु सभ्यता में ज्ञात सभी धातु प्रचलन में थे जिसमें एक उल्लेखनीय धातु जुड़ी थी लोहा जिसे श्याम (काला) कहते थे। यह मानना तर्कसंगत होगा कि लोहे को अन्य धातुओं के बराबर की धातु की मान्यता तभी दी गई होगी जबकि उनकी तरह इसे भी अलग किया जा सकता होगा और उपयोग के लायक चीजें बनाई जा सकी होंगी। इसका मतलब है कि यह सिर्फ उल्कायस का टुकड़ा या लोहा मिश्रित अयस्क से तांबा गलाने के दौरान इत्तफाक से निकला उप-उत्पाद नहीं होगा। दूसरे शब्दों में हथौड़े से पीटकर और हस्तकौशल के जरिए

लौह अयस्क को अर्ध ठोस अवस्था में लाने की प्रक्रिया अब तक जरूर सीख ली गई होगी ताकि कम से कम 'नरम लोहा' बनाया जा सके। जैसा कि हम तीसरे अध्याय में देखेंगे कि पुरातात्विक साक्ष्यों से बहुत कम प्रमाण मिलते हैं कि ऐसी स्थिति सिंधु और गंगा घाटियों में 1000 ई.पू. के पहले आ गई होगी। इसके अलावा लोहे का उपयोग औजार और हथियार जो कांसे (तांबा और टिन का मिश्रधातु) के बने उत्पादों की जगह ले सकें, बनाने के लिए करना, अभी भी जटिल प्रक्रिया थी जिसमें उच्च ताप पर गरम करना और फिर ठंडा कर सख्त बनाना (फौलाद बनाना) होता था। जब तक यह प्रक्रिया नहीं सीखी गई तब तक लोहे की गलाई का सीमित उपयोग होता था। वाजसनेयी-संहिता, अध्याय-30...14, में विभिन्न प्रकार के मनुष्यों की सूची में जिस एक मात्र धातु-गलाई करने वाले का ज़िक्र है वह है कांसा या तांबा गलाने वाले (अयस्ताप) का। हमें पुरातात्विक साक्ष्यों से पता चलता है कि पश्चिम एशिया में ईजाद हुई फौलाद बनाने की प्रक्रिया पूर्ववर्ती हिस्सों में 10वीं सदी ई.पू. के बाद ही फैलनी शुरू हुई और उत्तर भारत में आठवीं सदी ई.पू. से कुछ ही पहले पहुँची होगी, जिसके बाद लोहे की शिल्पकृतियों में अचानक तेजी आ गई जैसा कि अतरंजीखेडा के उत्खनन-स्थल से पता चलता है।

लकड़ी औजार बनाने का मुख्य साधन था और इसने बढ़ई और रथकार के पेशे को सम्मानित बना दिया क्योंकि पुरुष-मेध सूक्त में बढ़ई 'दृढ़ता' और रथकार 'दक्षता' का द्योतक है (वाजसनेयी, अध्याय-30...6)। धातु के उपयोग ने पत्थर के औजारों के उपयोग की विपुलता जरूर कम कर दी होगी लेकिन ग्रंथों में इसका कोई प्रमाण नहीं मिलता कि यह कितना प्रचलित था। सबसे अधिक पत्थर के जिन औजारों का उल्लेख है वे हैं 'उपर' एवं 'दृषद्' यानि मूसल और खल।

कुम्हारों का शिल्प जरूर आम रहा होगा। रुद्र को समर्पित सूक्त (वाजसनेयी, अध्याय-16.. 27) में शिल्पकारों की छोटी सी सूची में कुलाल (कुम्हार) का संदर्भ आता है।

वस्त्र शिल्प के संबंध में हम ज्यादा जानकारी जुटा सकते हैं। लेकिन कोफ्त होती है कि रेशे (फाइबर) के तौर पर कपास का कोई संदर्भ नहीं मिलता, हालाँकि उलनी धागे (उर्णा-सूत्र) का ज़िक्र बार-बार आया है। ऐसा लगता है कि कताई का काम ज्यादातर महिलाएँ ही करती थीं। शतपथ ब्राह्मण पथ-10..7.2.10 में उलन और धागे को महिलाओं का काम बताया गया है। इसी ब्राह्मण में दूसरी जगह (पथ-3..1.2.19) कहा गया है कि यदि अस्वच्छ स्त्री ने सूत काता हो या बुना हो तो उस कपड़े को पीटना चाहिए। बुनाई में भरनी (तसर) पूरे करघे (वेमन) पर फैली होती थी (वाजसनेयी अध्याय-19..83) और अथर्ववेद (मंडल-10..7.42, 43) में बताया गया है कि कैसे दो कन्याएँ (दिन-रात) बारी-बारी से ताना और भरनी बिछाकर जाल (तंत्र) तैयार करती हैं जिसके बाद पुरुष कपड़ा बुनता है और इसे

अलग-अलग करता है। उत्पादन के बाद के दौर में भी महिलाओं की महत्त्वपूर्ण भूमिका थी, पुरुष-मेध सूक्त में महिला कसीदाकार (पेशकारी) रंगरेज (रजयित्री) का संदर्भ मिलता है। धोबिन (पल्पूली) भी थी (वाजसनेयी, अध्याय-30...9,12)।

साधारण तौर पर विशिष्ट पेशों की संख्या में यथेष्ट बदलाव आए, जिनमें से बहुतों का उल्लेख पुरुष-मेध सूक्त में मिलता है। यहाँ (वाजसनेयी, 30) पहले उद्धृत पेशों के अलावा धनुष बनाने वाले, रस्सी बनाने वाले, प्रत्यंचा एवं वाण बनाने वाले, चमड़े के कपड़े बनाने वाले, बेंत चीरने वाली महिला, कांटों के बीच काम करने वाली महिला, मलहम बनाने वाली महिला, म्यान बनाने वाली महिला, पत्थर तोड़ने वाली (?), अश्वपाल, लकड़ी ढोने वाले, आग प्रज्वलित करने वाले, गोपाल, शिकारी, मछुआरे, लोहार, सोनार, व्यापारी, वैद्य और ज्योतिषी का संदर्भ है।

पेशों की विविधता और इसके फलस्वरूप सेवा और उत्पादों के आदान-प्रदान के कारण बेशकीमती धातुओं का उपयोग विनियम के माध्यम के तौर पर जरूरी हो गया होगा। निष्क मूल रूप से सोने या चांदी का एक गहना था जिसने मूल्यवान उपहार की शक्ल अख्तियार करना शुरू कर दिया था। अपने ऋग्वैदिक पूर्ववर्ती की तरह ही अथर्ववेद (मंडल-20..127.3) में एक ऋषि 100 निष्क और 300 घोड़े के दान की बात करता है। लेकिन जब शतपथ ब्राह्मण (पथ-11...4.1.1) में हम देखते हैं कि एक पुरोहित किसी विवाद में चुनौती देने वाले को सोने के टुकड़े के तौर पर निष्क की पेशकश करता है तो लगता है कि निष्क का मुद्रा के प्रतीक (अब तक यह सिक्का नहीं बना था क्योंकि यह किसी राजा ने जारी नहीं किया था) में रूपांतरण पूरा हो गया था। शायद हर टुकड़े का कुछ वजन तय किया जाने लगा क्योंकि इसी ग्रंथ (पथ-13...2.3.2) में कहा गया कि एक पुरोहित की दक्षिणा 100 (रत्ती ?) सोना है।

अभी भी शहरों के कोई निशान नहीं हैं। 'पुर' शब्द का उपयोग जहाँ भी किया गया है उसका मतलब उस किलाबंद रिहायश के मुकाबले थोड़ी बेहतर बसाहट से है जो लकड़ी के बाड़े या दीवारों से घिरी हो और जिसमें शायद एक से अधिक दरवाजा न हो, जैसा कि शतपथ ब्राह्मण (पथ-11...1.1.1,3) में बताया गया है। शहर के लिए बाद में उपयुक्त शब्द 'नगर' की चर्चा तैत्तिरीय आरण्यक से पहले किसी ग्रंथ में नहीं होती और विशुद्ध रूप से उत्तर वैदिक संग्रह में ऐसे किसी शहर का वर्णन नहीं है जहाँ सड़कें, दुकानें, मेले या बसे हुए इलाके हों। शहरों का नाम तक मिलना दूभर है। मिसाल के लिए काशी कबीला है लेकिन काशी (वाराणसी) नाम का कोई शहर नहीं था। लिहाजा, अर्थव्यवस्था इतनी विकसित नहीं हुई थी कि शहर को संभाल सके। जैसा कि हम तीसरे अध्ययाय में देखेंगे कि यही बात हमें पुरातत्वशास्त्र बताता है।

2.4 समाज

हमने अध्याय 1.5 में देखा कि ऋग्वेद के आखिरी चरण तक समाज कैसे चार वर्गों (जिसे बाद में वर्ण के तौर पर जाना गया) में विभाजित हो गया। ब्राह्मण, राजन्य, वैश्य और शूद्र। चतुर्वर्ण विभाजन का उल्लेख ऋग्वेद के सिर्फ एक सूक्त में दिखता है। फिर भी इस सूक्त, पुरुष सूक्त को अथर्ववेद (मंडल-19...6) और शुक्ल यजुर्वेद (वाजसनेयी अध्याय-31) दोनों में फिर से थोड़े-बहुत बदलाव के साथ पेश किया गया है लेकिन चारों वर्णों की उत्पत्ति संबंधी आधारभूत अंश को वैसे का वैसा ही रखा गया है इसलिए इस सूक्त को संयोग से हुई रचना से कहीं अधिक उद्देश्यपूर्ण मानना उचित है।

ब्राह्मणों को अनिवार्य तौर पर उनकी वंश परंपरा (ब्राह्मण्य) से परिभाषित किया जाता था जिससे उनका वैकल्पिक नाम, ब्राह्मण (ब्रह्मन् की संतति) बना; और इसमें अनुमानतः सिर्फ पिता की वंश परंपरा को ध्यान में रखा जाता था। शतपथ ब्राह्मण, (पथ-11,5.7.1) में ऐसे वंशानुक्रम पर जोर देते हुए शिक्षा और अध्ययन (वेदों का) को ब्राह्मणों का पेशा निर्धारित किया गया है 'जिसके जरिए दिन प्रतिदिन वह संपत्ति अर्जित करता है।' ब्राह्मण् वैदिक यज्ञ और अनुष्ठान कराता है जिसके एवज में वह दक्षिणा का पात्र (आदायी) और बलि भोगी (आपायी) बनने की उम्मीद कर सकता है (ऐतरेय ब्राह्मण अध्याय-7...29.2)।

पुरोहिताई के लिए ब्राह्मण की दान-दक्षिणा की माँग ज्यादातर मौकों पर सचमुच बहुत अधिक होती थी हालाँकि अपनी रचनाओं में वे जितना दान मिलने का दावा करते हैं वह अक्सर उनकी कल्पना की ही उपज है। हालाँकि यदि इसमें से बड़ा हिस्सा निकाल भी दें तब भी जितना दान मिलता था वह पूरे वर्ग के लिए बहुत हद तक पर्याप्त होता होगा। समाज पर और भी अधिकार जताए गए थे। ब्राह्मण् की पत्नी और गाय को बेहद पवित्र (अथर्ववेद, मंडल-5...17 और 18) माना जाए। राजा, ब्राह्मणों के स्वामित्व वाली जमीन को छोड़कर सारी भूमि दक्षिणा के तौर पर ब्राह्मणों को दे सकता था (शतपथ ब्राह्मण पथ-13...6.2.18,7,1.13)। देवताओं के कृपापात्र ब्राह्मण पूजनीय थे (अथर्ववेद, मंडल-5...3; मंडल-6...13, 3)। ऐतरेय ब्राह्मण में उनके लिए अपनी इच्छा से अनुमानतः बगैर किसी बंदिश के एक जगह से दूसरी जगह जाने के विशेषाधिकार की माँग की गई है।

लेकिन अभी भी वास्तविकता यह थी कि "जब भी राजा चाहता, ब्राह्मणों का दमन कर (लूट) सकता था", हालाँकि कामना की जाती थी कि ऐसे दमनकर्ता का बहुत बुरा हो (शतपथ ब्राह्मण, पथ-13...1.5.4)।

अथर्ववेद में शासक वर्ग के लिए क्षत्रिय के साथ-साथ राजन्य का नाम आता है। कई बार एक मूल अंतर बताया जाता है कि राजन्य शासक (राजन्) के परिवार से संबंधित लोग थे और क्षत्रिय, जो क्षत्र (ताकत और सत्ता) शब्द से बना है, योद्धा

या शक्तिशाली लोग थे; लेकिन ग्रंथों से इसकी पुष्टि नहीं होती। राजन्य और क्षत्र के बीच एक सीधा संबंध अथर्ववेद (मंडल-12...5.8) और शुक्ल यजुर्वेद (वाजसनेयी, अध्याय-30...5) में दिखाया गया है जिससे लगता है कि बहुत आरंभिक काल से राजन्य और क्षत्रिय दोनों एक दूसरे के वैकल्पिक नाम हैं। शतपथ ब्राह्मण (पथ-12...7.3.8) में वर्णन है कि क्षत्र विश से पैदा होता है और इस समानता से अंदाजा लगाया जा सकता है कि जो भी सत्ता प्राप्त करता था चाहे उसका मूल कुछ भी हो, उसे क्षत्रिय माना जा सकता है और इस तरह शतपथ ब्राह्मण, पथ-13...1.9.2, में राजन्य से अपेक्षित धनुर्विद्या में निपुण योद्धा और रथ से युद्ध करने में समर्थ लोग इस वर्ग के आदर्श सदस्य थे।

'वैश्य' का उल्लेख ऋग्वेद की ही तरह अथर्ववेद में भी बहुत कम होता है और इससे संभवतः संकेत मिलता है कि यह शब्द 'विश' से बना है, जिसका मतलब है आम जनता। ऐतरेय ब्राह्मण, अध्याय-7...29 के मुताबिक वे दूसरों (अन्यस्य) को बलि, कर या उपहार देने के लिए विवश थे; उन्हें 'दूसरों' का पालन करने के लिए बाध्य किया जा सकता था; और इच्छानुसार (यथाकामज्वेयाः) उनका दमन किया जा सकता था। वह विजातीय समूह था जिसे कर देना होता था लेकिन वह दास जैसा नहीं था और जहाँ तक हमारा आकलन है इसमें किसानों का बड़ा हिस्सा शामिल था जिनके पेशे को अभी भी सम्मान प्राप्त था। शुक्ल यजुर्वेद (वाजसनेयी, अध्याय-30) में मानव बलि के उद्देश्य से स्त्री-पुरुषों के पेशे का जिस तरह से उल्लेख किया गया है उसके आधार पर यदि आकलन करें तो वैश्य जो शूद्र वर्ण के लोगों से अलग थे, उनके लिए अब तक विशिष्ट पेशा निर्धारित नहीं था। इसलिए वैश्य दर्जे की पहचान नकारात्मक थी; वह ब्राह्मण या राजन्य नहीं था, हालाँकि इनके साथ उसे यज्ञ करने का और यज्ञ वेदी में प्रवेश करने का विशेषाधिकार (शतपथ ब्राह्मण, पथ-3...1.1.9-10) था। श्रेष्ठता के लिहाज से पहले दो वर्गों से निम्नतर होने के बावजूद वह आर्य था यानि वह शूद्र नहीं था।

'आर्य' शब्द का मोटे तौर पर पहले जो जातीय और भाषायी भाव (देखें अध्याय 1.5) था, वह अब खो रहा था। अथर्ववेद की विशिष्टता यह रही कि वह अभी भी आद्य ऋग्वेद में वर्णित दस्यु और दास के बीच संघर्ष की स्मृति को ढो रहा था और उनके वध व पराजय की प्रशंसा कर रहा था इसलिए आर्य और दास के बीच उल्लेखनीय फर्क का हवाला दे रहा था। मंडल-4, 32.1, मंडल-20, 126-19 एक अभिव्यक्ति दास-वर्णम (दास-रंग) के तौर पर भी होती है (20...34.4)। लेकिन नया महत्त्वपूर्ण फर्क अभी आने ही वाला है : मंडल-4...20.4 और 8 में शूद्र और आर्य असाधारण रूप से अलग हैं। शुक्ल यजुर्वेद में दस्यु और दास का ज़िक्र दुर्लभ हो जाता है और इनकी जगह आर्य और शूद्र के संदर्भ ले लेते हैं। (वाजसनेयी, अध्याय-14, 30; अध्याय- 20, 17; अध्याय- 16, 2) इस तरह स्पष्ट है कि ब्राह्मण, राजन्य

और वैश्य समाज के आर्ग खंड का निर्माण करते थे जबकि शूद्र अनार्य अंश का। जहाँ तक दास और दस्यु का सवाल है, अब फर्क भाषा या क्षेत्र का नहीं था बल्कि सामाजिक व्यवस्था में उनके स्थान का था। शूद्र, दस्यु की तरह समाज से बहिष्कृत नहीं थे, दरअसल अभी तीन अन्य आर्य वर्गों के साथ शूद्रों को भी 'तेज' प्रदान करने के लिए देवताओं से प्रार्थना की जा सकती थी (वाजसनेयी अध्याय-18,48) और यज्ञ के समय किसी कल्याणकारी मंत्र में सब के साथ शूद्र का भी वर्णन किया जा सकता था (अध्याय-26,2)। दास और दस्यु के बारे में ऐसा कभी सोचा भी नहीं जा सकता था।

शूद्र, हालाँकि इस तरह आर्यों के समाज में स्वीकार कर लिए गए थे, लेकिन उनके लिए वस्तुतः कोई अधिकार निर्धारित नहीं थे। ऐतरेय ब्राह्मण (अध्याय-8..29.4) के मुताबिक वह दूसरों (अन्यस्य प्रेष्य) का नौकर था और उसे इच्छानुसार निकाला (कामोत्थाप्य) या मारा (यथाकामवध्य) जा सकता था। पंचविंश ब्राह्मण (अध्याय-4...1.11) में कहा गया कि यदि उसके पास कई गाएँ हों तब भी उसके नौकर के दर्जे में बदलाव नहीं आ सकता था। उसका जीवन 'दंड' समान (वाजसनेयी, अध्याय-30...5), था और उसे (एक अपमानजनक शब्द के साथ) ऋषि के अपने लोगों की बजाय उन लोगों में शामिल किया गया है जिन्हें ज्वर अपना ग्रास बनाए (अथर्ववेद, मंडल-5,22.7)।

शूद्रों के साथ जाति व्यवस्था का एक और तत्व सामने आया : आनुष्ठानिक अपवित्रता की अवधारणा। शतपथ ब्राह्मण (पथ-3...1.19.10) के मुताबिक न सिर्फ शूद्रों के यज्ञ करने पर मनाही थी बल्कि यज्ञ-स्थल का अभिषिक्त व्यक्ति सीधे उससे बात भी नहीं कर सकता था। आचार्य को न सिर्फ शूद्रों और जूठन के संपर्क से बचना था बल्कि उसे स्त्री, शूद्र आदि को देखना भी नहीं चाहिए था (पथ-14...1.31)।

शूद्र, हमारे ग्रंथों में आर्यों की प्रतिस्थापना के तौर पर दस्यु और दास की जगह इतनी सफाई से लेते हैं कि यह मानना तर्कसंगत लगता है कि शूद्र, अपने आर्य शत्रुओं द्वारा पराजित दस्यु, दास और अन्य कबीलों से पैदा हुए और उन्हें अब दासत्व के विभिन्न क्रम में रख दिया गया था (अध्याय 1.5 देखें)। ऐसे दासत्व में व्यक्तिगत ग़ुलामी भी शामिल हो सकती है; और जब ऐतरेय ब्राह्मण में शूद्र के बारे में 'अन्य का सेवक' होने की बात कही गई तो शायद, निश्चित रूप से ऐसे ही ग़ुलाम की बात दिमाग में होगी। ऋग्वेद में पुरुष ग़ुलाम (दास) का ज़िक्र आता है और अथर्ववेद में दासी के नाम से महिला ग़ुलाम का उल्लेख दिखता है। दासियों से अपेक्षा थी कि वे खल-मूसल (अथर्ववेद, मंडल-12...3.13) का काम करें और गोबर इकट्ठा करें (मंडल-12...4.9); और कामना की जाती थी कि ज्वर, 'हमारे' स्थान पर 'उसे' या शूद्र महिला को अपना ग्रास बनाए (मंडल-5...22.6-7)। हालाँकि महिला ग़ुलाम बेशकीमती थीं और उन्हें दान में माँगा जा सकता था। शतपथ ब्राह्मण, 13...5.4.27, में यज्ञ की दक्षिणा में "चार स्त्री, एक कुंवारी कन्या (पांचवीं स्त्री के तौर पर) और 400 परिचारिकाएँ" माँगी गईं।

हो सकता है कि पूरे के पूरे समुदायों को वश में कर लिया गया हो और दान व इस किस्म की माँगें पूरी करने के एवज में प्रभावशाली आर्य कबीले ने उन्हें शूद्र का दर्जा दे दिया हो। गंगा के मैदान में 1500 ई.पू. तक कृषि स्थापित हो गई थी (सिंधु सभ्यता 3.3) इसलिए पहले के बाशिंदे किसान रहे होंगे (भले ही फावड़े का उपयोग करने वाले हों), और शासकों व पुरोहितों के उपभोग के लिए वे नियमित तौर पर पर्याप्त मात्रा में अतिरिक्त उत्पादन करते रहे होंगे।

इनसे ज्यादा आदिम, संभवत: संग्राहक समुदाय (शिकारी, मछुआरे और ऐसे ही समुदाय) के साथ अपेक्षाकृत ज्यादा कठोर व्यवहार होता था। शुक्ल यजुर्वेद के 'पुरुषमेध' सूक्त में हालाँकि निषाद और चाण्डाल का ज़िक्र है और बाद के ग्रंथों में इन्हें अस्पृश्य जातियों के साथ शामिल कर दिया गया था फिर भी हमें इस संबंध में कोई वास्तविक जानकारी नहीं मिलती है कि उनके साथ कैसा व्यवहार होता था।

जाति व्यवस्था की बाद के दौर की दो प्रमुख प्रथाएँ अभी स्थापित नहीं हुई थीं, यानि, विजातीय विवाह या कुल समूह जिसे गोत्र कहते हैं, से बाहर विवाह और सजातीय विवाह या सिर्फ जाति (जाति और वर्ण) के भीतर होने वाले विवाह। गोत्र का मतलब सिर्फ गोस्थान या गोधन होता है और उपनिषद से पहले किसी भी ग्रंथ में किसी मानव समूह के लिए इसका प्रयोग नहीं किया गया है। शतपथ ब्राह्मण, (1...8.3.6) में माता-पिता पक्ष की चौथी या तीसरी पीढ़ी के सगे-संबंधियों जात्या: के बीच संबंध ही वैध माना गया है, इस तरह शायद सिर्फ बेहद करीबी रिश्तेदारों के बीच ही विवाह पर पाबंदी थी। यहाँ जो सीमित प्रतिबंध लगाया गया है वह नया घटनाक्रम हो सकता है क्योंकि शतपथ ब्राह्मण आरंभिक काल के रचे ब्राह्मणों में से नहीं है।

सजातीय विवाह, उत्तर वैदिक लोकाचार के लिए कितना अनजाना था इसका पता अथर्ववेद (मंडल-5...17.8-9) की इन महत्त्वपूर्ण पंक्तियों से चलता है)—

दस पूर्व पतियों—न हो कोई ब्राह्मण—ने भी अपनाया हो यदि
बाद में जो थाम ले हाथ कोई ब्राह्मण, वह उसका पति है, सिर्फ वही
न वैश्य, न राजन्य, वही; ब्राह्मण ही वस्तुत: है उसका स्वामी

यहाँ ऐसी उक्ति से बहुपति प्रथा या तलाक जैसे निष्कर्ष निकालने की जरूरत नहीं है। लेकिन अनिवार्य तौर पर यह निष्कर्ष जरूर निकाला जा सकता है कि ऐसी स्त्रियाँ थीं जिनके पति ब्राह्मण या राजन्य या वैश्य हो सकते थे अन्यथा ब्राह्मण पति को प्राथमिकता दिए जाने के संबंध में अधिकार जताने का कोई मतलब नहीं था। हालाँकि यहाँ हमें शायद बाद के दौर के अनुलोम विवाह के सिद्धांत की छाया मिलती है जिसके तहत पुरुष अपने बराबर या निम्न वर्ण की स्त्री के साथ तो विवाह कर सकते थे लेकिन उच्चतर वर्ण की स्त्री के साथ नहीं। हालाँकि ऐसी संभावना पर अपेक्षाकृत थोड़ी लापरवाही से विचार किया गया है और शुक्ल यजुर्वेद (वाजसनेयी

अध्याय-23..30-31) में संपन्न आर्य का शूद्र की पत्नी को और शूद्र का किसी आर्य की पत्नी को सम्मोहित करना नियम का कोई भारी उल्लंघन नहीं बल्कि पतियों को होने वाले नुकसान भर का मामला था।

महिलाओं का कथित निम्न दर्जा इससे स्पष्ट होता कि अथर्ववेद, मंडल-5, 22;6,7 में कैसे ज्वर के ग्रास के तौर पर शूद्र या दासपुरुष का नहीं शूद्र महिला और दासियों का चुनाव किया जाता है और उनके लिए कामुक और आवारा जैसे अपमानजनक शब्दों का उपयोग होता है। शतपथ ब्राह्मण, पथ-15...1.1.21 में, महिलाओं को 'असत्' की मूरत के तौर पर 'शूद्र, श्वान और श्यामापक्षी' की श्रेणी में रखा गया है। महिलाएँ आनुष्ठानिक तौर पर अपवित्र हो सकती थीं क्योंकि इसी ग्रंथ (पथ-3...1.2.19) में उस कपड़े का विशेष ध्यान रखने का निर्देश दिया गया है जिसके धागे किसी अस्वच्छ स्त्री ने बुने या काते हों।

महिलाओं के प्रति जिस तरह का तिरस्कार भाव था उससे उनके दमन का संकेत मिलता है और उनके लिए जैसे कठिन कार्य निर्धारित थे उससे भी यह स्पष्ट होता है। एक बार को क्षेत्र-पत्नी, 'खेत की स्वामिनी' (अथर्ववेद, मंडल-2...12.1), से आदर का बोध हो सकता है लेकिन स्पष्ट रूप से इसका तात्पर्य यह भी है कि महिलाएँ भी खेतों में पुरुषों के साथ काम करती थीं। जैसा कि हमने देखा है कि दास स्त्रियों को खल-मूसल के काम में लगाया जाता था और वे गोबर इकट्ठा करती थीं। वाजसनेयी के 'पुरुषमेध' सूक्त में हमें ऐसी स्त्रियाँ मिलती हैं जिनका पेशा बेंत चीरने, कांटों में काम करने, कशीदाकारी, कपड़े धोने, कपड़े रंगने, मलहम बनाने और म्यान बनाने का था। उत्पादन में ऐसी भागीदारी, बराबरी का दर्जा हासिल करने का जरिया नहीं थी बल्कि इसके उलट महिलाओं के काम को स्पष्ट तौर पर उपहास की दृष्टि से देखा जाता था। बेंत चीरने और कांटों के बीच काम करने वाली महिलाओं को पिशाचों और दानवों के लिए उपयुक्त भेंट और रंगरेज स्त्री को कामुकता की आहुति के तौर पर देखा जाता था हालाँकि मलहम बनाने वाली महिलाओं को उदारता से नेकी के हवाले किया गया है। ऐसे उपहास से अंदाजा लगाया जा सकता है कि महिलाओं को उनके श्रम का प्रतिदान असाधारण रूप से कम मिलता होगा।

इसी सूक्त में पता चलता है कि कैसे महिलाओं का दर्जा उनकी संतानोत्पत्ति की उपलब्धि से भी निर्धारित होता था। बांझ या जुड़वां बच्चे पैदा करने वाली स्त्री को यम, मृत्यु देवता के सुपुर्द किया गया है। एक मंत्र, अथर्ववेद, मंडल-1...14, में अंदाजा लगाया जा सकता है कि जिस स्त्री को नापसंद करते हों उसके लिए सबसे बुरे भाग्य की कामना यह की जा सकती थी कि वह कुवांरी कन्या के तौर पर अपने माता-पिता या भाई के घर रहने के लिए मजबूर हो। ऐसे हालात में लड़की की शादी के लिए दहेज देना आम रिवाज बन गया होगा। यह दरअसल प्रचलन में था।

अथर्ववेद (मंडल-5...17.12) में ऐसी कल्याणी पत्नी की चर्चा है जो पति के लिए दहेज के तौर पर सैकड़ों चीजें, (जिनका वर्णन नहीं है) लाती है।

बाल विवाह का प्रमाण मुख्य वैदिक ग्रंथों में नहीं मिलता, इस संबंध में पहला संदर्भ सूत्रों में मिलता है जो 700 ई.पू. के बाद के ग्रंथ हैं। दूसरी ओर ऐसा लगता है कि बहुविवाह की मान्यता शक्तिशाली और संपन्न लोगों के विशेषाधिकार के तौर पर है। राजा की पारंपरिक तौर पर चार पत्नियों का ज़िक्र करते हुए शतपथ ब्राह्मण (पथ-13...2.6.7) में उद्घोषणा है कि "(कई) पत्नियाँ सौभाग्य स्वरूपा-(या सामाजिक प्रतिष्ठा स्वरूप)" हैं। अथर्ववेद (मंडल-9...5.27-28) में किसी स्त्री के दूसरे पति और दूसरी दुनिया में भी इकट्ठे रहने की उनकी कामना का एक संदर्भ मिलता है। स्पष्ट तौर पर, इसका मतलब है कि विधवाएँ विधिवत पुनर्विवाह कर सकती थीं।

महिलाओं के यौन शोषण का एक प्रमुख जरिया शुक्ल यजुर्वेद (वाजसेनयी, 30,5) में उभरता है जिसमें वासना (काम) की पूर्ति के लिए बने वेश्यावृत्ति के पेशे को एक लिहाज से औपचारिक मान्यता दी गई है। छांदोग्य उपनिषद (अध्याय-4...4.1-4) में जबाला की कहानी से स्पष्ट होता है कि कैसे यहाँ-वहाँ काम करने वाली सेविकाएँ यौन शोषण का शिकार होती थीं।

2.5 धर्म

औपचारिक तौर पर, उत्तर वैदिक काल का धर्म, उन्हीं मान्यताओं और संस्कारों का सिलसिला है जिनकी स्थापना ऋग्वेद में हुई जिसे बाद में पहला ग्रंथ माना गया। फिर भी, वास्तविकता यह है कि इसमें काफी बदलाव हुए और बहुत सी चीजें बाद में जोड़ी गईं।

ऐसे बदलाव अथर्ववेद में उल्लेखनीय रूप से दिखते हैं या नहीं, यह विवादास्पद है। इस ग्रंथ के जो बहुत से मंत्र और जादू-टोने के नुस्खे हैं उसके कारण कुछ लोगों का मानना है कि यह प्रचलित और यहाँ तक कि प्राचीन ऋग्वैदिक धर्म में आंशिक तौर पर अनार्य धारणाओं के अंतर्प्रवाह का भी सम्मिलत स्वरूप है। लेकिन ज्यादा उपयुक्त व्याख्या यह है कि चूंकि ऋग्वेद मुख्य तौर पर अग्नि और सोम पर केंद्रित याज्ञिक सूक्तों का संकलन था इसलिए इसमें बहुत सी ऐसी रचनाओं को बाहर निकाल दिया गया होगा और इन्हें अथर्ववेद में शामिल कर लिया गया जो यज्ञ के प्रयोजनों से थोड़े कम जुड़े हैं। यदि ऐसा है तो मंत्र और जादू-टोने के प्रति प्रचलित आसक्ति ऋग्वेद के समय भी उतनी ही होगी जितनी कि अथर्ववेद के काल में थी।

ब्राह्मण, विशुद्ध रूप से धर्म के आनुष्ठानिक पक्ष तक सीमित हैं और इनमें ऋग्वैदिक सूत्रों को विशेष सम्मान के साथ उद्धृत किया गया है। लेकिन यहाँ देवताओं के प्रति एक विशेष प्रवृत्ति दिखने लगती है जो ऋग्वैदिक अवधारणाओं से

हट कर है। यांत्रिक तौर पर किए गए यज्ञ के परिणामस्वरूप देवता न सिर्फ प्रकट होने के लिए बाध्य थे बल्कि उनका वर्णन बहुत हद तक अनैतिक, स्वार्थपूर्ण भावनाओं से काम करने वाले और धूर्तता, यहाँ तक कि छल-कपट का सहारा लेने वाले के तौर पर होने लगा। भगवान विष्णु का सिर चींटियों की मेहनत से कट गया जिन्हें अन्य षड्यंत्रकारी देवताओं ने भेजा था और यह सिर सूर्य बन गया—ऐसा शतपथ ब्राह्मण (पथ-14,1.1.1-14) में है। वाजसनेयी संहिता (अध्याय-16,20) में रुद्र को 'चोरों, लुटेरों का देवता' कहा गया है।

इसी समय ये दोनों देवता, विष्णु और रुद्र, पुरोहितों की नजर में, ऋग्वेद में मिली अपेक्षाकृत औसत प्रतिष्ठा से इतने ऊपर उठ गए कि ब्राह्मण काल में वे देव-समूह के दो सबसे महत्त्वपूर्ण देवता बन गए। दूसरे देवता को आज हम ज्यादा आसानी से शिव के नाम से पहचानते हैं जो पहले रुद्र के लिए एक उपाधि (कल्याण) थी। लेकिन अभी भी विष्णु के अवतारों या शिव का ताल्लुक किसी लिंगोपासक संप्रदाय से होने का कोई प्रत्यक्ष वर्णन नहीं आया था।

अक्सर डी डी कोसांबी की प्रभावशाली अनुशंसा के साथ कहा जाता है कि देवताओं के वर्णन में बदलाव बहुत हद तक अधीनस्थ अनार्य आबादी के देवताओं से प्रेरित था। निश्चित तौर पर ऐसा संभव है, लेकिन उलझन यह है कि हमारे पास अनार्य समुदायों की पूर्ववर्ती आस्थाओं के बारे में जानकारी का अभाव है। हालाँकि माना जा सकता है कि रुद्र (शिव) ने कुछ स्थानीय देवनाओं का समावेशन और उसके बाद अपने-आपको उनके मिथकों और उन्हें मिली शक्ति से संलग्न करना शुरू कर दिया था। शतपथ ब्राह्मण, (पथ-1,7.3.8) में कहा गया है कि रुद्र और अग्नि न सिर्फ समान हैं बल्कि "इस देवता को शर्व नाम दिया जाता है जिस नाम से उन्हें पूर्वी भारत पुकारता है; भव, जैसा कि बाहिक जन (?) उन्हें पुकारते हैं (और) पशुनामपति (पशुओं के देवता)।" यहाँ कम से कम दो नाम स्थानीय देवताओं के हैं जिसके साथ रुद्र को जोड़ा गया है। यह भी संभावना है कि अनुष्ठान के अशुद्ध हो जाने की अवधारणा (ऊपर 2.4 देखें) अनार्य मूल की हो, क्योंकि प्राक्-द्रविड़ शब्द पुल को इसी का द्योतक माना गया है।

ऋग्वेद के सृष्टि (नासदीय) सूक्त (उद्धरण 1.3) में हमें दार्शनिक स्वरूप वाली साहसिक मीमांसा की आरंभिक मिसाल मिल चुकी है। यज्ञ के विधि-विधान से गहरे जुड़े 'ब्राह्मणों' में आत्मा का वृहत्तर प्रश्न और यहाँ तक कि नैतिकता भी इस उत्कंठा में दरकिनार हुई सी लगती है कि अनुष्ठान ठीक तरह से हों जिनका वर्णन बेहद विस्तार से किया गया है। संसार की हर घटना को किसी न किसी यज्ञ के परिणाम के तौर पर देखने की प्रवृत्ति थी—जिसका प्रारूप ऋग्वेद के अपने पुरुष सूक्त में ही तैयार हो गया था (जहाँ सृष्टि को उस 'पुरुष' के महायज्ञ के परिणाम के तौर पर देखा गगा है)। ब्राह्मणों में विकसित ज्यादातर मिथक कथाएँ किसी न किसी

यज्ञ के आस-पास बुनी गई हैं। उल्लेखनीय है कि किसी भी अनुष्ठान में किसी देवता की प्रतिमा की पूजा नहीं होती थी।

आरण्यक के साथ बदलाव आया। ये ग्रंथ स्पष्ट रूप से उन पुरोहितों से संबद्ध हैं जो जंगल प्रस्थान कर चुके हैं और जो यज्ञ करने के लिए बाध्य नहीं हैं। आरण्यकों ने उपनिषदों का रास्ता साफ किया जिनमें यज्ञ और अनुष्ठान को खारिज नहीं किया गया लेकिन अचानक ये इनसे ऊपर उठ गए; चिंतन (धी, ध्यान) हर उपक्रम का प्रमुख उद्देश्य बन गया न कि याज्ञिक अनुष्ठान। इसके बाद दार्शनिक मीमांसा का मार्ग प्रशस्त हुआ।

उपनिषद वस्तुतः रहस्यवादी ग्रंथ हैं न कि तार्किक। तैत्तिरीय उपनिषद में न सिर्फ ऋषि की अवधारणा बल्कि उसके संवाद और परंपरा को भी ज्ञान (विद्या) का स्रोत माना गया है। इसलिए उपनिषदों में देवता और ऋषि अक्सर कथा और संवाद में द्रष्टा या सिद्धांतों के प्रामाणिक प्रतिपादक नजर आते हैं। बहुत सी उद्घोषणाएँ पूरे अधिकार के साथ की गई हैं और खारिज भी इसी तरह की गई हैं। लेकिन जैसे ही किसी की निगाह उन साहसिक प्रस्थापनाओं पर जाती है जिन पर इन ग्रंथों में विमर्श किया गया, ये सारी त्रुटियाँ और अस्पष्टता की बेमानी लगने लगती हैं।

जिस दौर की हम बात कर रहे हैं उसके लिए आरंभिक उपनिषदों (ऊपर देखें 2.1) पर ध्यान केंद्रित करना सबसे अच्छा रहेगा। इन आरंभिक ग्रंथों की एक नयी शब्दावली विकसित हो चुकी थी जो ब्रह्म और आत्मा की अवधारणाओं पर केंद्रित थी। शुरुआत में ब्रह्म शब्द का तात्पर्य प्रार्थना यानि प्रभावशाली प्रार्थना था जो कि वेद स्वयं हैं। इसके बाद इस शब्द ने पहले दैवीय विधान का अर्थ ग्रहण किया जिसका ज्ञान वेदों में निहित है और फिर इसका अर्थ 'संसार का निमित्त' हो गया। आत्मा का अर्थ है 'स्व'; जिसे उपनिषद शरीर से अलग कर 'जीव' में तब्दील कर देते हैं और इस तरह मीमांसा ने एक नए दायरे में प्रवेश किया।

इस तलाश में पहला महत्त्वपूर्ण कदम था 'ब्रह्म' के अर्थ का विस्तार कर 'सत् के हेतु' से स्वयं 'सत्' कर देना। मसलन, छांदोग्य उपनिषद (अध्याय-3...14.1), में श्रोतृ (सुनने वाले) को आरंभ, अंत और सत् का मनन करने के लिए प्रोत्साहित करते हुए उद्घोषणा की गई "यह सबकुछ ब्रह्म है"। इसी उपनिषद (अध्याय-6...11.3) में आत्मा, स्व, को जीव (रूह) माना गया, क्योंकि जब शरीर मरता है तो "जीवात्मा ने इसे त्याग दिया होता है, जीवात्मा नहीं मरती"। लेकिन आत्मा सिर्फ किसी व्यक्ति की रूह नहीं है बल्कि यदि इसके स्वरूप को जान लिया जाए तो इसमें असीम संभावनाएँ हैं। यहीं पर उपनिषद एक और पदार्थ प्रस्तुत करते हैं—आचरण या कृत्य (कर्म) जो जीवात्मा पैदा करती है। याज्ञवल्क्य अपनी पत्नी मैत्रेयी से कहते हैं कि यदि कोई आत्मा को प्रेम करता है तो वह सबको और हर चीज को प्रेम करता है (बृहदारण्यक उपनिषद, अध्याय-2...4.5) और जब आर्तभाग

ने पूछा कि जीवात्मा चली जाती है तो क्या होता है, याज्ञवल्क्य उसे अलग ले जाकर कहते हैं, ''तो कर्म के बारे में बात हुई, कर्म की प्रशंसा हुई'' (अध्याय-3...2.13-14)। दूसरे शब्दों में आत्मा की सही समझ से ही सद्कर्म पैदा होता है। ऐसा समझ लेने पर आत्मा परम महिमा प्राप्त करती है; यह ब्रह्म में विलीन हो जाती है) ''शरीर से अलग होकर मैं ब्रह्म के स्वयंभू और तृप्त संसार में प्रवेश करती हूँ, हाँ मैं इसे प्राप्त करती हूँ,'' (छांदोग्य, अध्याय-8...13)। अब ब्रह्मांड, स्त्रष्टा और आत्मा का निर्णायक मेल पूरा हुआ (''तुम ही वह/ब्रह्म हो...तत् त्वमसि'' अध्याय-6...16.2)।

बाद में विकसित वेदांत दर्शन में इस सर्वेश्वरवाद की धारणा पर बहुत से सिद्धांत बनेंगे हालाँकि यहाँ सावधान रहने की जरूरत है कि आरंभिक उपनिषदों में परवर्ती वेदांत की विस्तृत संरचना का मूल न समझा जाए जिसमें माया (भ्रम) का विशेष स्थान है।

एक और सिद्धांत (और शायद इसका व्यावहारिक आशय ज्यादा महत्त्वपूर्ण है) उपनिषदों में पहली बार सामने आता है और वह 'आत्मा के पुनर्जन्म' का। यदि इसे सबसे आसान तरीके से कहा जाए तो इसका मतलब है कि हर प्राणी मृत्यु के बाद अपनी आत्मा के जरिए इस संसार में फिर से पैदा होता है कि और उनके पुनर्जन्म की श्रेणी पिछले जीवन के आचरण या कर्म से निर्धारित होती है। इस तरह जन्म और पुनर्जन्म का अंतहीन चक्र स्थापित हुआ जिसमें आत्मा एक के बाद दूसरी देह धारण करती है। इस प्रक्रिया को कोई दैवीय शक्ति प्रभावित नहीं करती इसलिए यह सिद्धांत ब्रह्म के प्रति आस्था से मुक्त है लेकिन जीवात्मा (आत्मा) संबंधी धारणा से नहीं। पहली बार इसका उल्लेख बृहदारण्यक उपनिषद (अध्याय-6...2.13-15) और छांदोग्य उपनिषद (अध्याय-5.3-10) में किया गया, दोनों में ऐसा भाव दिखता है कि यह अनूठी खोज है। ब्राह्मण परंपरा में इस परिकल्पना के न होने की वजह यह बताई गई है कि इसे अब तक गुप्त रखा गया था और यह सिर्फ क्षत्रियों के बीच ही संभाल कर रखी गई थी।

पुनर्जन्म की परिकल्पना स्पष्ट तौर पर जातिगत (वर्ण) समाज की जड़ता और गतिहीनता का परिणाम है, जहाँ जन्म की महत्ता सबसे अधिक है। कर्म के सिद्धांत के आधार पर अब आनुवंशिक जाति क्रम में किसी के स्थान को पिछले जन्म के उसके अपने पुण्य या पाप के आधार पर उचित ठहराया जा सकता था। कोई आश्चर्य नहीं कि मौजूदा व्यवस्था के प्रति आस्था बरकरार रखने की इसी क्षमता के कारण यह परिकल्पना जाति व्यवस्था का प्रमुख वैचारिक स्तंभ बन गई। इस तरह, पुनर्जन्म लेने वाली जीवात्मा को परम सत्ता से जोड़ने से इनकार करने वाले परवर्ती सांख्य दर्शन की जड़ें उपनिषद में भी उतनी ही गहरी हैं जितनी सर्वेश्वरवादी वेदांत में।

उपनिषदों में बार-बार समग्र ब्राह्मण अनुष्ठानों को स्वीकार किया गया है; और अच्छे कर्म में निश्चित तौर पर श्रद्धापूर्वक अनुष्ठान करना शामिल है। लेकिन महत्त्व में बदलाव है। बृहदारण्यक उपनिषद (अध्याय-5...2) में कहा गया है कि भगवान प्रजापति ने तीन 'द' के रूप में नीति-शास्त्र के प्रमुख सिद्धांत निर्धारित किए : आत्मनियंत्रण (दामयत), उदारता (दत्त) और करुणा (दयध्वम)। ये वे विशेताएँ नहीं हैं, विशेष तौर पर पहली और तीसरी जिन्हें पूर्ववर्ती नीतिशास्त्र में प्रमुख स्थान मिला हो। सत्य जैसा अपेक्षाकृत अधिक अमूर्त सिद्धांत अब औपचारिक विधि-विधान की अनिवार्यताओं की अवहेलना कर सकता था। सत्यकाम जो नौकरानी का बेटा है और उसका पिता कौन है इसका पता नहीं, एक गुरु के पास ब्रह्मचारी बनने जाता है। गुरु उसे ब्राह्मण के तौर पर स्वीकार करता है, इसलिए नहीं कि वह जन्म से ब्राह्मण है बल्कि इसलिए कि उसने अपने नाजायज जन्म का सच छुपाना उचित नहीं समझा (छांदोग्य, अध्याय-4...4)।

उपनिषदों में संशयवाद का भी तत्व है जो इस स्वीकारोक्ति में अक्सर स्पष्ट होता है कि कुछ चीजों को नहीं जाना जा सकता। ब्रह्म या आत्मा को परिभाषित करने के लिए कहने पर याज्ञवल्क्य बृहदारण्यक उपनिषद (अध्याय-4...2.4; 4.22; 5.15) में बार-बार अपनी 'द्विनिषेध' वाली प्रसिद्ध व्याख्या (नेति नेति, यह नहीं, यह नहीं) दी है। हममें से बहुतों को वे प्रस्थापनाएँ आकर्षित भी करती हैं जो प्रस्तुत की जाती हैं और फिर खारिज की जाती हैं, मसलन भोगवादी दर्शन जिसे असुरों (दानव) ने प्रजापति से सीखा (छांदोग्य, अध्याय-8...8.4-5)।

भारत में दार्शनिक चिंतन के विकासक्रम में उपनिषद निस्संदेह युगांतकारी घटना है। हालाँकि उनका वैश्विक अभिनंदन हाल की बात है। सबसे पहले मुगल शहजादे दारा शुकोह (पंडितों की मदद से) ने बेहद सावधानी से 52 उपनिषदों का फ़ारसी में तर्जुमा किया था जो उपनिषदों का किसी भी अन्य भाषा में पहला अनुवाद था और इसे सिर्र-ए—अकबर (महारहस्य) के नाम से जारी किया गया। इसी से फिर लैटिन अनुवाद 'उपनिखट (उपनिषद)' ऐंकेटिल ड्यूपेरान ने किया और 1801-02 में प्रकाशित किया। यूरोप में, विशेष तौर पर जर्मन दार्शनिक ए. शॉपनहॉवर (1788-1860) ने जो उपनिषद की प्रशंसा की वह इसी अनुवाद को पढ़ने के बाद की।

ब्राह्मण और उपनिषद रचनाएँ ईरान में जरथुश्त्र धर्म के प्रसार की समकालीन हैं। जरथुश्त्र का काल 1000 ई.पू. से पहले का हो सकता है लेकिन उनके धार्मिक सुधार का ब्योरा न सिर्फ गाथा में मिलता है जिसकी रचना का श्रेय उन्हें दिया जाता है बल्कि कुछ सदी बाद संकलित *नव अवेस्ता* में भी मिलता है। अहुर मज्दा को उन्होंने महान हितैषी देवता माना था जिसे पुण्यात्मा की मदद करने के लिए किसी जानवर की बलि नहीं चाहिए थी। *अंग्र मेन्यू* बुरी ताकतों की अगुवाई करता है जैसे

इसाई धर्म और इस्लाम में शैतान करता है। जरथुश्त्र को पैगंबर के तौर पर ही सारी बुराइयों से संघर्ष करने में अहुर मज्दा से मदद मिलती है। लेकिन हर आदमी अपनी किस्मत का मालिक है और उसके कर्म के मुताबिक स्वर्ग तक जाने वाला पुल प्रशस्त या संकरा होता है। नव अवेस्ता में वर्णित समाज में तीन वर्ग हैं : पुरोहित, योद्धा और किसान (दिलचस्प है कि यह आर्य वर्ण : ब्राह्मण, राजन्य और वैश्य जैसा ही है)। घुमंतू समुदाय तिरस्कृत हैं।

भाषा की सादृश्यता के बावजूद जरथुश्त्र की शिक्षा और भारत में विकसित हो रहे धार्मिक सिद्धांतों में बहुत थोड़ी समानता देखी जा सकती है। ऐसा इस तथ्य के बावजूद है कि छांदोग्य उपनिषद (अध्याय-6...14.1-2) गंधार से परिचित है जो इलाका अवेस्ता के 'हप्त हेंदु' के दायरे में है। हम यहाँ सिर्फ यही निष्कर्ष निकाल सकते हैं कि वैदिक और अवेस्ताई पुरोहितों के बीच सारे संपर्क लुप्त हो गए थे।

2.6 संस्कृति के अन्य आयाम

उत्तर वैदिक ग्रंथों की विषय-वस्तुओं पर ऊपर 2.1 और 2.5 में चर्चा होने के बाद साहित्य के बारे में कहने के लिए बहुत कुछ नहीं बच जाता। हमें अपने आपको यह याद दिलाना चाहिए कि हमें इन ग्रंथों के रचयिता के बारे में नहीं पता क्योंकि ये रचनाएँ पुरोहितों (जिनमें गुरु और उनके शिष्य शामिल हैं) के विभिन्न मतों के दायरे में विकसित हुईं, संप्रेषण के वक्त हर ग्रंथ में कुछ जोड़ा या बदला जाता था और एक निश्चित समय पर जब यह भरोसा हो जाता था कि इसका अंतिम स्वरूप तैयार हो गया तो इस प्रक्रिया को रोक दिया जाता था। इसके बाद से बिल्कुल हूबहू संप्रेषण होता था।

पुरोहितों का ग्रंथ होने के कारण उनका प्रयोजन मुख्य तौर पर धर्म और अनुष्ठान से था और पद एवं छंद महत्त्वपूर्ण बने रहे क्योंकि इससे वाचन और कंठस्थ करने में मदद मिलती थी, लेकिन इसकी वजह से सही मायने में काव्य की उत्पत्ति नहीं हो सकी। अथर्ववेद, मंडल-12...1 में 'भूमि को समर्पित गीत' (पृथ्वी) इस संग्रह की अनूठी रचना है जिसमें काव्यत्मकता दिखती है। इस सूक्त के निम्नांकित श्लोक में शायद उस दौर की व्यग्रता देखी जा सकती है :

हमें न हटाओ पश्चिम या पूर्व से, न हटाओ उत्तर या दक्षिण से
हे कल्याणकारी भूमि दस्यु न हमें ढूँढ़ पाएँ, रखो घातक अस्त्रों को दूर

आस्था और अनुष्ठान में रुचि बनाए रखने के लिए एक और शैली, रहस्यपूर्ण पहेली की मदद ली गई, जैसा कि वाजसनेयी-संहिता अध्याय-23 में स्पष्ट है। यहाँ भी शिल्प बहुत उच्च कोटि का नहीं दिखता। "समुद्र के बराबर कौन सा सरोवर है?" उत्तर है "स्वर्ग"! (श्लोक 46-47)।

ब्राह्मणों और बाद में उपनिषदों ने कुछ ऐतिहासिक से कहे जा सकने वाले विवरण पेश किए ताकि किसी आनुष्ठानिक या धर्मशास्त्रीय या दार्शनिक को उचित ठहराया जा सके या उसका गुणगान किया जा सके या स्थापित किया जा सके। कुछ विवरणों में निस्संदेह ऐतिहासिक तत्व हैं जैसा कि हमारे उद्धरण 2.1 के एक परिच्छेद में है, लेकिन बाकी पूरी तरह से मिथकीय हैं। समय आने पर विभिन्न मतावलंबियों ने कुछ परंपराएँ अपने ऋषियों को स्थापित करने के लिए विकसित कीं। यहाँ भी कोई कभी नहीं बता सकता कि जिन निर्भीक याज्ञवल्क्य को हमने एकाधिक बार उद्धृत किया है, वह ऐतिहासिक व्यक्ति थे या फिर कुछ ब्राह्मण और उपनिषद रचयिताओं की कल्पना की उपज भर। ऐसी ही परंपराओं से 'इतिहास' या मिथकीय इतिहास पैदा हुआ। यह शब्द पुराण (प्राचीन काल की कथा) के साथ-साथ अथर्ववेद (मंडल-15...6) और शतपथ ब्राह्मण, (अध्याय-13...4.3.12-13) में मिलता है और इनमें निहित ज्ञान को वेद के बराबर माना गया है। हालाँकि उस दौर का कोई भी मिथकीय ग्रंथ अपने वास्तविक रूप में उपलब्ध नहीं है।

एक विशुद्ध विज्ञान था, व्याकरण, जिसके मूल सिद्धांत पवित्र रचनाओं की रक्षा में गहरी रुचि और उनके सही उच्चारण से प्रेरित थे। छांदोग्य उपनिषद, अध्याय-2,22.3-5 में ध्वनि का वर्गीकरण स्वर, ऊष्म व्यंजन (ऊष्मन्) और व्यंजन (स्पर्श) में किया गया और व्यंजनों का उच्चारण धीरे करने का परामर्श दिया गया। ब्राह्मणों में पहले से ही स्वरूप और संख्या के फर्क का मूल्यांकन दिखता है। आनुष्ठानिक शब्दों की व्याख्या शब्द-व्युत्पत्ति के आधार पर करने की प्रवृत्ति दिखती है हालाँकि यह अक्सर अविश्वसनीय लगती है। इस तरह इस दिशा में प्रगति हुई जिसके आधार पर पाणिनि (चौथी सदी ई.पू.) ने बाद में संस्कृत व्याकरण के विख्यात सिद्धांत गढ़े—जो विश्व के इतिहास में अपनी तरह की पहली चीज थी।

भौतिक विज्ञान में आज किए जाने वाले दावों के बावजूद बहुत सीमित प्रगति हुई थी। बहुत कम प्रमाण हैं जिससे यह पता चलता हो कि एक समुचित सौर कैलेंडर तैयार हो गया था और याज्ञिक अनुष्ठानों का समय जिन चंद्र महीनों के आधार पर तय किया जाता था, उन्हें सौर वर्ष में ठीक तरह से समायोजित नहीं किया गया था। शतपथ ब्राह्मण (अध्याय-2,2.3.27) में बारह या तेरह माह का संदर्भ संभवत: तीन साल बाद एक अतिरिक्त महीने (मलमास) का संकेत मिलता है लेकिन यह साबित नहीं हो पाया है। खगोल विद्या में लगता है कि मुख्य विषय चंद्रमा की गति है, लिहाजा नक्षत्र कहे जानेवाले 'चंद्र महल' या तारक मंडल के आधार पर गति के चरण तय किए जा सकते थे। कृष्ण यजुर्वेद में 28 ऐसे नक्षत्रों का नाम है। वाजसनेयी संहिता (30,10,20) में नक्षत्रद्रष्टा और गणक (ज्योतिषी) सम्मानित पेशा था, या तो इसलिए कि वे यज्ञ का समय सही तरीके से तय करने में

मदद करते थे या फिर उनकी विद्या में भविष्यवाणी के कुछ दावे शामिल थे। नक्षत्र (रात के राजा) का पहले मतलब होता था, तारा, लेकिन हमारे ग्रंथों से हमें तारों के बारे में बहुत अधिक जानकारी नहीं मिलती। सूर्य और चंद्र ग्रहण की वजह का पता नहीं था इसलिए इनकी वजह एक दानव, राहु को माना गया (छांदोग्य उपनिषद, अध्याय-8...13)।

औषधविज्ञान के क्षेत्र में शरीर रचना शास्त्र के अध्ययन में थोड़ी दिलचस्पी नजर आती है। अथर्ववेद, (मंडल-10, 2.1-15) में मानव शरीर के विभिन्न अंगों का विवरण है और वाजसनेयी (अध्याय-19,85-93) में भी। शतपथ ब्राह्मण, पथ-12...2.4.13-14 में ऐसे ब्योरे हैं जिससे मानव शरीर के कशेरूकों की एकदम सही संख्या (26) का पता चलता है। ग्रंथों में कई रोगों का वर्णन मिलता है लेकिन उनमें से बहुतों की पहचान कर पाना मुश्किल है। मसलन, यह तय कर पाना मुश्किल है कि बलास किसी तरह का तपेदिक है या नहीं; कुछ किस्म के ज्वरों का ज़िक्र है जो मलेरिया बुखार हो सकता है लेकिन चेचक का कोई संदर्भ नहीं है। भिषज् या चिकित्सक वाजसेनयी (30वां अध्याय,10,14) में नजर आता है, और मलहम बनाने वाली स्त्री (अंजनीकारी) का संदर्भ मिलता है। इलाज के लिए वनस्पति और जड़ी-बूटियों का उपयोग किया जाता था लेकिन जादू-टोने की अनदेखी नहीं की जाती थी।

प्रदर्श कला के बारे में हम बहुत कम जानते हैं। वाजसनेयी, 30वां अध्याय, में गायक, नर्तक और विभिन्न तरह के वाद्य-यंत्र बजाने वाले कलाकारों का संदर्भ है जो नरबलि के शिकार लोगों में शामिल हैं। सामवेद में श्लोकों के पाठ मिलते हैं जिनके लिए विशिष्ट राग निर्धारित हैं। ग्रंथों में ऐसे रागों की कोई मौलिक स्वरलिपि नहीं मिली है, जिन्हें निश्चित रूप से मौखिक तौर पर ही गाया जाता होगा क्योंकि खुद सामवेद का प्रसार ऐसे ही हुआ।

सारिणी 2.1 कालानुक्रम

सामवेद का अंतिम संकलन, कृष्ण यजुर्वेद का पाठांतर और अथर्ववेद—	लगभग 900 ई.पू. से पूर्व
शुक्ल यजुर्वेद (वाजसनेयी पाठांतर) और आरंभिक ब्राह्मण—	लगभग 800 ई.पू.
शतपथ ब्राह्मण और आरंभिक उपनिषद—	लगभग 700 ई.पू.
बीच के उपनिषद—	लगभग 600 ई.पू.

नोट—सारिणी 1.1 में सारी तिथियाँ अनुमानित हैं और सुनिश्चित कालक्रम की बजाय मुख्य तौर पर क्रम जाहिर करने के लिए तैयार की गई हैं। इसमें 100 साल की त्रुटि आसानी से मानी जा सकती है।

मूल ग्रंथों से उद्धरण 2.1

अग्नि का माथव विदेघ को पूर्व की ओर ले जाना

शतपथ ब्राह्मण, पहला अध्याय 4.1.10–17

10. अब माथव, विदेघ (के राजा) अग्नि वैश्वानर को अपने मुंह में लिए चलते हैं। ऋषि गौतम राहुगण उनके कुल पुरोहित थे। ऋषि के पुकारने पर उन्होंने कोई उत्तर नहीं दिया, इस भय से कि कहीं अग्नि उनके मुंह से न गिर जाए।
11. उन्होंने (पुरोहित) ऋग्वेद की ऋचाओं के जरिए अग्नि का आवाहन करना शुरू किया।
12. ...
13. राजा ने अभी भी उत्तर नहीं दिया। (पुरोहित आवाहन करते रहे) ''हे, घृत अभिषिक्त, हम तुम्हारा आह्वान करते हैं'' (ऋग्वेद, मंडल–5...26.2); उन्होंने इतना बोला और घृत के उल्लेख के साथ ही अग्नि वैश्वानर राजा के मुंह से निकल पड़ा...और इस भूमि पर गिर पड़ा।
14. माथव जो विदेघी हैं, उस समय सरस्वती नदी पर थे। वहाँ से अग्नि इस भूमि पर पूर्व की दिशा में बढ़ती रही और जैसे–जैसे जलाती जा रही थी गौतम राहुगण और विदेघ माथव उसका अनुसरण कर रहे थे। उसने इन सारी नदियों को सुखा दिया। उत्तर के पर्वत (हिमालय) से निकलने वाली वह (नदी) जो अब 'सदानीरा' कहलाती है, उसने उसे नहीं सुखाया है। इसे पहले ब्राह्मणों ने यह सोचकर पार नहीं किया कि इसे अग्नि वैश्वानर ने नहीं सुखाया है।
15. आजकल हालाँकि कई ब्राह्मण इसके पूर्व में रहते हैं। उस समय, यह (सदानीरा के पूर्व की भूमि) क्षेत्रतर (कृषियोग्य) नहीं थी, बेहद दलदली थी, क्योंकि अग्नि वैश्वानर ने इसका आस्वादन नहीं किया है।
16. अब हालाँकि यह क्षेत्रतर है क्योंकि ब्राह्मणों ने यज्ञ के माध्यम से अग्नि उत्पन्न किया जिसने इसका आस्वादन किया। ग्रीष्म ऋतु में भी नदी पहले की तरह उफान पर रहती है, और इतनी शीतल रहती है कि अग्नि वैश्वानर ने इसे दग्ध नहीं किया।
17. माथव विदेघ ने फिर अग्नि से कहा, ''मुझे कहाँ रहना है?'' उसने कहा ''इसके (नदी के) पूर्व में तुम्हारा वास हो!''। अभी भी यह (नदी) कोसल और विदेह जनों की मर्यादा है क्योंकि ये माथव (या मथव के वंशज) हैं।

(जुलियस एग्लिंग का अनुवाद, संशोधित)

उद्धरण 2.2

मेरी संपदा और पैदावार बढ़े

शुक्ल यजुर्वेद : वाजसनेयी, अध्याय–18, 10–14

10. यज्ञ से मेरा धन एवं मेरी संपत्ति, और मेरी संपन्नता एवं मेरी संवृद्धि, और मेरी व्यापकता एवं मेरी प्रभुता और मेरी समृद्धि एवं महत्तर समृद्धि, और मेरा कुयव एवं मेरा अजीर्ण धान्य, और मेरा भोजन एवं मेरी क्षुधा–तृप्ति बढ़े।
11. ...
12. यज्ञ से मेरा चावल (व्रीहि) एवं मेरा जौ (यव), और मेरा उड़द (माष) एवं मेरा तिल (तिल), और मेरा मूंग (मुद्ग) एवं मेरा चना (खल्व), और मेरा काउन–कंगनी (प्रियंगव) एवं मेरा चीना (अणु), और मेरा सांवा (श्यामाक) एवं मेरा पसाई–जंगली चावल (नीवार), और मेरा गेहूँ (गोधूम) एवं मेरा मसूर (मसूर) बढ़े।
13. यज्ञ से मेरे पत्थर एवं मेरी मिट्टी, और मेरे पहाड़ एवं मेरे पर्वत, और मेरे कंकड़ एवं मेरे पेड़, और मेरा सोना (हिरण्य) एवं मेरा कांसा (अयस्), और मेरा लोहा (श्याम) एवं मेरा तांबा (लोहम्), मेरा सीसा (सीसा) एवं मेरा टिन (त्रपु) समृद्ध हो।
14. यज्ञ से मेरी अग्नि एवं मेरा जल, और मेरी लताएँ एवं मेरी वनस्पतियाँ, और मेरे कृष्टपच्य (जुताई के बाद खेतों में पकने वाले अन्न) एवं मेरे अकृष्टपच्य (बगैर जुती जमीन पर पके फलों वाली वनस्पति) और मेरे पालतू पशु एवं मेरे जंगली पशु, और मेरे द्रव्य एवं भविष्य में पाए जाने वाले द्रव्य, और मेरा ऐश्वर्य एवं मेरी प्रभुता बढ़े।

(आर टी एच ग्रिफिथ का अनुवाद, संशोधित)

उद्धरण 2.3

आत्मा का पुनर्जन्म

छांदोग्य उपनिषद, 5वां अध्याय, 3.7 और 10.3–7

(राजा प्रवाहण जैवली ने ब्राह्मण पुरोहित गौतम (आरुणि उद्दालक) को क्या सिखाया (5वां अध्याय, 3)

7. राजा ने कहा : "...गौतम यह ज्ञान (जो मैं अभी तुम्हें दे रहा हूँ) तुमसे पहले किसी ब्राह्मण के पास नहीं गया और यह विद्या हर लोक में सिर्फ क्षत्रियों के पास थी।"

   5वां अध्याय,10

3. लेकिन गाँव में रहने वाले जो यज्ञ करते हैं, जनोपयोगी काम और दानादि करते हैं, वे (मृत्यु के बाद) धुएँ को प्राप्त होते हैं, धुएँ से रात्रि, रात्रि से चंद्रमा के अंधकार वाले आधे हिस्से, चंद्रमा के अंधकार वाले आधे हिस्से से उस छह मास को प्राप्त होते हैं जबकि सूर्य दक्षिणायन होता है। लेकिन वे वर्ष को प्राप्त नहीं होते।
4. मास को प्राप्त होने के बाद वे पितृलोक को जाते हैं, पितृलोक से आकाश, आकाश से चंद्रमा को जाते हैं। वह राजा सोम है। यहाँ देवता उन्हें प्रेम (भक्षण) करते हैं, हाँ देवता उन्हें (उनका भक्षण करना) पसंद करते हैं।
5. पुण्य कर्मों के क्षय होने तक वहाँ रहने के बाद वे फिर से उसी रास्ते से लौटते हैं जैसे वहाँ आए थे, आकाश, आकाश से वायु। फिर यज्ञकर्ता वायु बन जाता है, धुआं बन जाता है, धुआं बनने के बाद धुंध बन जाते हैं।
6. धुंध बनने के बाद वह मेघ बन जाता है; मेघ बनकर बरसता है। फिर वह चावल और यव, औषधि और वनस्पति, तिल एवं उड़द के रूप में जन्म लेता है। इसके बाद निष्क्रमण बेहद कष्टप्रद होता है। क्योंकि जो भी जीव इसे खाएगा और संतान प्राप्ति करेगा, वह उसके जैसा हो जाएगा।
7. जिनका कर्म अच्छा रहा है, उन्हें अच्छी योनि मिलेगी, ब्राह्मण, या क्षत्रिय या वैश्य योनि। लेकिन जिनका आचरण अच्छा नहीं रहा वे जल्दी ही दुष्ट योनि, श्वन, शूकर या चांडाल योनि को प्राप्त होंगे।

(एफ मैक्सम्यूलर का अनुवाद, थोड़े-बहुत बदलाव के साथ)

नोट 2.1 : जाति व्यवस्था

अंग्रेजी का शब्द 'कास्ट' स्पैनिश और पुर्तगाली के कास्टा (नस्ल, वंश परंपरा, कुल) से निकला जो लैटिन शब्द कास्टस (शुद्ध और अदूषित) से बना है और यह यह अंग्रेजी शब्द 'चेस्ट' (पवित्र) का मूल शब्द है। पुर्तगालियों ने 16वीं सदी में भारत के तटीय इलाकों में अपना प्रत्यक्ष साम्राज्य कायम किया और पाया कि भारतीय समाज विभिन्न समूहों में बँटा है जिसके सदस्य सिर्फ अपने समुदाय में विवाह (सजातीय) करते हैं। इसलिए कास्टा ऐसे समुदाय के लिए उपयुक्त शब्द था और 1613 तक यह शब्द अंग्रेजी में कास्ट (सीएएसटी) के तौर पर आया जिसके हिज्जे संभवत: चेस्ट की तरह (सीएचएएसटीई) बन गए।

शुरुआत में हिंदुओं के सामाजिक समूहों को जो कास्ट का नाम दिया गया था वे जातियाँ थीं, जैसा कि संस्कृत (और ज्यादातर भारतीय भाषाओं; विभिन्न रूपों में जैसे हिंदुस्तानी में 'जात')। इनमें से ज्यादातर जातियों का तय पारंपरिक पेशा था इसलिए उनके पेशे के नियत स्वरूप और सजातीय विवाह को जाति के दो निर्णायक पहलू माना गया। ये दो विशिष्टताएँ यूनानी राजदूत मेगास्थनीज (लगभग 300

ई.पू.) के समय भी थीं जिसने कहा था कि भारतीय समाज सात अलग-अलग पेशों से जुड़े सजातीय विवाह करने वाले वर्गों में बँटा हुआ है।

चतुर्वर्ण संस्था पर भी विचार करना होगा और जैसा कि हमने देखा कि यह ऋग्वेद के समय शुरू हुआ जबकि जाति शब्द का उपयोग वैदिक ग्रंथों के संग्रह में नहीं मिलता। सत्रहवीं सदी में विदेशियों ने कास्टा/कास्ट का उपयोग वर्ण के लिए भी किया; भारतीय भी प्राचीन काल से कभी-कभार वर्ण के बदले जाति और जाति के लिए वर्ण शब्द का इस्तेमाल करते रहे हैं। हर वर्ण में एक बड़ा वर्ग होता है जिसमें (ब्राह्मण वर्ण को छोड़कर) विभिन्न जातियाँ शामिल होती हैं हालाँकि यह भी बिल्कुल संभव है कि कोई जाति अपने-आपको को एक वर्ण में रखे और दूसरे लोग उसे किसी और वर्ण में रखें। कुछ ब्रिटिश-भारतीय आधिकारिक लेखन में कास्ट शब्द का उपयोग वर्ण के लिए और जाति के लिए सब-कास्ट का उपयोग किया गया लेकिन इस फर्क को बाद में दृढ़तापूर्वक बरकरार नहीं रखा गया।

वर्णों को अपने उद्‌भव काल से ही पदानुक्रम में रखा गया है, जैसे, ब्राह्मण, क्षत्रिय, वैश्य और शूद्र, हरेक को क्रमशः निम्नतर स्थान दिया गया है। इन चार वर्णों से बाहर ऐसी जातियाँ हैं जो वर्ण व्यवस्था के दायरे में नहीं आती हैं इसलिए इनको और भी निम्नतर दर्जे का माना जाता है। उनके लिए सामूहिक नामों के उपयोग का प्रचलन था, जैसे संस्कृत और इससे उत्पन्न भाषाओं में 'चांडाल', उर्दू व पंजाबी में कमीन, अंग्रेजी में अनटचेबल (अस्पृश्य) या आउटकास्ट (जातिच्युत), हाल में गढ़े गए शब्द मसलन हरिजन (ईश्वर की संतान) और दलित (दमित वर्ग), या फिर कानूनी भाषा में 'अनुसूचित जाति'।

इस तरह जाति का सामाजिक वर्गीकरण पदानुक्रम पर आधारित है। दो मूल सिद्धांत नजर आते हैं जिससे इस क्रम में जातियों की श्रेणी निर्धारित होती है यानि 1. आनुष्ठानिक शुचिता एवं अशुचिता और 2. निर्धारित सामाजिक रीति-रिवाज का अनुपालन।

वस्तुओं के साथ-साथ व्यक्तियों से जुड़ी शुचिता की विभिन्न प्रकार की श्रेणियाँ जाति व्यवस्था में गहरे पैठी हैं। वेद इतने पवित्र हैं कि शूद्र उसे पढ़ या सुन नहीं सकता (मनुस्मृति, चौथा अध्याय, 99; 10वां अध्याय 127)। वेदों की पहुँच पहले तीन वर्णों तक सुरिक्षत रखी गई है जिनके दायरे में आने वाले लोग द्विज (अध्याय-10) हैं। हल, अपवित्र है इसलिए उच्चतर वर्ण के लोग इसे न छुएँ (अध्याय-10, 84)। शूद्रों का दिया या पकाया भोजन ब्राह्मण को नहीं खाना चाहिए (अध्याय-4, 211 आदि) और विभिन्न जातियों के लोगों के बीच 'सहभोज' का त्याग करना चाहिए। सबसे अशुद्ध अस्पृश्य (चांडाल) जातियों के लोग हैं। उन्हें गाँव और शहर से बाहर रहना चाहिए, पुराने कपड़े पहनने चाहिए, पहचान का चिह्न धारण करना चाहिए और उनका अपने से बेहतर लोगों के साथ कोई सामाजिक

संसर्ग नहीं होना चाहिए (अध्याय-10, 51-56)। ऐसे निर्देशों का पालन कुछ ज्यादा ही अच्छे तरीके से किया गया।

विभिन्न किस्म के सामाजिक रिवाज उच्च जातियों को निम्नतर जातियों से अलग करती हैं। निम्नतर जातियों में विधवा विवाह (विशेष तौर पर नियोग या मृत पति के भाई के साथ विवाह) हो सकता है और महिलाओं के लिए पर्दा नहीं था इसलिए वे काम के लिए घर से बाहर निकल सकती हैं। मृतक को दाह-संस्कार के बजाय दफन किया जा सकता है। इसके उलट उच्च जातियों को विधवा विवाह निषेध (मनुस्मृति, अध्याय-5, 161-65 आदि), महिलाओं के लिए पर्दा और दाह-संस्कार के नियम का सख्ती से पालन करना आवश्यक है। धर्मशास्त्रों (मनुस्मृति, अध्याय-3, 12-17) में अनुलोम विवाह (उच्च वर्ण के पुरुष का निम्नतर वर्ण की स्त्री से विवाह) को मिली अनुमति से पदानुक्रम की दूसरी सूची मिलती है क्योंकि उच्च वर्ण की स्त्रियों का विवाह निम्न वर्ण के पुरुषों से नहीं किया जा सकता था। राजपूत जातियों में सामाजिक स्थिति के निर्धारण का यह भी एक तरीका था।

जाति व्यवस्था शुरू से ही इन सारी विशिष्टताओं के साथ पैदा नहीं हुई थी, न ही हर दौर में इन नियमों का पालन उतनी ही सख्ती से हुआ। मिसाल के तौर पर हम देख सकते हैं कि मौजूदा परिस्थितियों में जातियों का व्यवसाय विशेष से संबंध बहुत कमजोर हुआ है लेकिन सजातीय विवाह असाधारण रूप से बरकरार है। अस्पृश्यता सार्वजनिक दायरे से खत्म हो रही है और यह मुख्य तौर पर निजी जीवन के दायरे में ही बची है। इधर वैदिक काल में सजातीय विवाह के बजाय पुरुष मूलक वंश-परंपरा पर जोर था और पेशे पर आधारित वर्ग का जातियों का स्वरूप ग्रहण करना अभी बाकी था।

इसलिए जाति व्यवस्था की किसी एक विशिष्टता को चिह्नित कर पाना मुश्किल है जिसे इसका मूल सिद्धांत माना जाए। लुई ड्यूमों ने, वास्तव में, इसे अनिवार्य रूप से आनुष्ठानिक शुचिता और अशुचिता की परिकल्पना पर आधारित वर्गीकरण माना है। हालाँकि ऐसा नहीं है कि इस परिकल्पना में अंतर्दृष्टि का अभाव है, लेकिन आर्थिक पक्ष को पूरी तरह से नजरअंदाज करने से यह एकांगी हो गई है। जातियों के निर्धारित पेशे और 'अस्पृश्यों' की वास्तविक रूप से हर तरह की संपत्ति के अधिकार से बेदखली (जिसने उनको दमित अर्ध-दास सर्वहारा में तब्दील कर दिया) से प्रभावशाली और शोषक वर्ग का बहुत फायदा हुआ, यहाँ तक कि सुल्तानों और ब्रिटिश शासकों को भी जो खुद वर्ण व्यवस्था से बाहर थे। जाति के नियम महिलाओं के दमन का भी जरिया हैं, जो पर्दे के प्रचलन, विधवाओं के साथ दुर्व्यवहार और आम तौर पर महिलाओं को दिए गए कमतर दर्जे से स्पष्ट होता है। भारत में दहेज प्रथा आज जिस भयानक स्तर पर पहुँच गई है वह जाति व्यवस्था के लैंगिक पहलू का एक और प्रमाण है और इसे भी नजरअंदाज नहीं किया जा सकता।

जाति व्यवस्था के लंबे इतिहास, जाति को नहीं मानने वाले समुदायों के साथ सह-अस्तित्व और बदलते आर्थिक हालात में भी इसके बने रहने से इसकी समायोजन की क्षमता प्रमाणित होती है। एम एन श्रीनिवास ने एक व्यापक प्रक्रिया की बात की है जिसके मुताबिक जिन जातियों या जातियों की शाखाओं की आर्थिक स्थिति बेहतर होती है वे जाति क्रम में ऊपर उठ जाती हैं। इस प्रक्रिया को उन्होंने संस्कृतिकरण का नाम दिया जिसमें निम्न जातियों के लोग अपने सामाजिक रीति-रिवाज को छोड़ देते हैं, मसलन विधवा विवाह, महिलाओं का घर से बाहर निकलना और मृतकों को दफनाना, और उच्च जातियों के रस्मो-रिवाज अपना लेते हैं। जाति विशेष के पुराने पेशे में बदलाव भी हो सकता है। यदि बदलाव सिर्फ जाति के एक हिस्से में हुआ हो तो संस्कृतिकृत पुरानी जाति को छोड़ देते हैं और एक नया सजातीय विवाह समूह बनाते हैं। समय के साथ रूपांतरित जाति के तौर पर यह समूह वर्ण क्रम में ऊपर आ जाता है और उसका रुतबा बढ़ जाता है। इस तरह जाति व्यवस्था में गतिशीलता और पदानुक्रम में रूपांतरण संभव हुआ है। इस लचीलेपन के कारण संभवतः उसे खास तरह की ताकत मिली।

जाति व्यवस्था के परंपरागत हिंदू धर्म से संबंध को रेखांकित करने की कोई जरूरत नहीं है। धर्मशास्त्र के ग्रंथों में जाति के ऐसे नियमों को शामिल किया गया और विधान बनाया गया जो संभवतः शुरुआत में पुरोहित की मनाही के बगैर समाज में विकसित हुए थे। श्रीलंका के बौद्ध और भारत में मुसलमान, इसाई और सिख जैसे अन्य धार्मिक समुदायों में जाति प्रथा दिखती तो है लेकिन बहुत कमजोर है, कुछ तो इसलिए कि जाति के नियमों के लिए धार्मिक स्वीकृति का अभाव है और कुछ इसलिए कि इन समुदायों को वर्ण व्यवस्था के अनुरूप नहीं ढाला जा सकता। जाति का प्रभाव मुख्य तौर पर सजातीय विवाह को तरजीह देने और कुछ पेशों के प्रति परंपरागत लगाव से स्पष्ट होता है।

आखिरकार, जाति और जनजाति (कबीला) के फर्क पर विचार करना है। शब्दकोश में दिए गए अर्थ के मुताबिक कबीला ''ऐसा सामाजिक समूह है जिसमें कई परिवार, कुल और पीढ़ियाँ एक साथ दास, आश्रितों या स्वीकृत अजनबियों के साथ रहती हैं''। इसलिए जाति को एक विशेष प्रकार की कबीला कह सकते हैं। लेकिन व्यावहारिक रूप में जाति में ऐसी कई विशेषताएँ हैं कि इन दोनों वर्गों को अलग-अलग रखना ही बेहतर है जैसा कि भारत में आधिकारिक तौर पर (अनुसूचित जाति और अनुसूचित जनजाति) है। ये कबीले संरचना और रस्म-रिवाज के लिहाज से एक दूसरे से बहुत अलग होते हैं इसलिए विशिष्टताओं के बिंदु भी अलग होते हैं। कई कबीलों में जैसा अफगान एवं बलुच और भारत के पूर्वोत्तर में है कि सदस्यता न सिर्फ वंशानुगत होती है बल्कि क्षेत्रीय भी होती है जिसके तहत वे क्षेत्र विशेष को अपना मानते हैं। कई ऐसी जनजातियाँ हैं जिनकी धार्मिक आस्थाएँ अलग-अलग हैं (मिसाल के लिए बौद्ध धर्म या जीववाद से जुड़ा कोई

मत), इस तरह इनके जो रीति-रिवाज, जाति से अलग हैं, वे हैं सजातीय विवाह पर जोर न देना या कबीले में अजनबियों को स्वीकार करना। ऐसी जनजातियों को करीब-करीब आसानी से जाति से अलग किया जा सकता है। ज्यादा मुश्किल वहाँ होती हैं जहाँ जनजातियों ने हिंदू धर्म और जाति संबंधी मान्यताएँ अपना ली हैं, नाम छोड़ दें तो ये दरअसल जातियाँ होती हैं या फिर कबीले के तौर पर वर्गीकृत किए जाते समय वे इसी रुतबे को प्राप्त करने की प्रक्रिया में थीं। जाति व्यवस्था में जनजातियों का समावेश लंबे समय से चल रही निरंतर प्रक्रिया रही है; इसलिए ऐसी संक्रमणकालीन वास्तविकताएँ हमें चौंकाती नहीं हैं।

नोट 2.2 : संदर्भ-ग्रंथ संबंधी टिप्पणी

उत्तर वैदिक समाज के बारे में प्रेरणादायक अंतर्दृष्टि डी डी कोसांबी के *ऐन इंट्रोडक्शन टू द स्टडी आफ इंडियन हिस्ट्री,* बंबई, 1956, अध्याय चार व पांच, आर एस शर्मा के *शूद्राज इन एंशिएंट इंडिया,* दिल्ली, 1958, अध्याय दो व तीन में मिलती है और आर एस शर्मा के ही *आस्पेक्ट्स आफ पालिटिकल आइडियाज एंड इंस्टीच्यूसंस आफ एंशिएंट इंडिया,* दिल्ली 1959, अध्याय तीन-चार में उत्तर वैदिक काल के समाज और राजव्यवस्था के मुख्य विषयों का वर्णन है। सुवीर जायसवाल के *कास्ट : ओरिजिन, फंक्शन एंड डायमेंशंस आफ चेंज,* दिल्ली, 1998 को भी देखें और ऋग्वेद के बाद के दौर के लिए विशेष तौर पर पृष्ठ संख्या 1-131 देखें।

पूर्व वैदिक काल और उत्तर वैदिक काल के लिए भी ए ए मैक्डानेल और ए बी कीथ की *वैदिक इंडेक्स आफ नेम्स एंड सब्जेक्ट्स,* दो खंड, लंदन, 1912 और ए बी कीड की *रिलीजन एंड फिलासाफी आफ द वेद एंड उपनिषद्स,* दो खंड, केंब्रिज (अमेरिका), 1925, सावधानी से विश्लेषित सामग्री का प्रचुर भंडार है।

पशुओं के प्रति नजरिए के लिए देखें डी एन झा की *होली काउ,* दिल्ली 2001 आर एस शर्मा और वी झा (संपादित) इंडियन सोसायटी : हिस्टोरिकल प्रोबिंग्स, दिल्ली 1974, में विवेकानंद झा का एक महत्त्वपूर्ण लेख 'फ्राम ट्राइब टू अनटचेबल : द केस आफ निषाद्स', पृष्ठ संख्या 67-84। उत्तर वैदिक ग्रंथों पर देखें मारिस विंटरनिज की *अ हिस्ट्री आफ इंडियन लिटरेचर,* भाग एक, कलकत्ता, 1927, पृष्ठ संख्या 119-310।

प्रमुख ग्रंथों के अनुवाद में : आर टी एच ग्रिफिथ (अनुवाद), द *हायम्स आफ* द *अथर्ववेद,* तीसरा संस्करण, संपादक, एम एल अभिमन्यु, दो खंड, वाराणसी, 1962; आर टी एच ग्रिफिथ (अनुवाद), द *टेक्स्ट्स आफ व्हाइट यजुर्वेद,* तीसरा संस्करण, बनारस, 1957; ए बी कीथ (अनुवाद), द *ऋग्वैदिक ब्राह्मनाज : द ऐतरेय एंड कौषीतकी ब्राह्मन्स आफ ऋग्वेद,* भारतीय पुनर्मुद्रण, दिल्ली 1971; जुलियस एग्लिंग (अनुवाद), द *शतपथ-ब्राह्मण,* पाँच खंड, भारतीय पुनर्मुद्रण, दिल्ली, 1963; और एफ मैक्स म्यूलर (अनुवाद), द *उपनिषद्स,* 2 खंड, पुनर्मुद्रण,

न्यूयार्क, 1962) और पैट्रिक ओलिवेल (अनुवाद), द *उपनिषद्स,* नयी दिल्ली, 1998।

अवेस्ता के भौगोलिक साक्ष्य का विश्लेषण गेरार्दो ग्नोली के द *आइडिया आफ ईरान : ऐन एसे आन इट्स ओरिजिन,* रोम, 1989 और अवेस्ता का अनुवाद पेश किया है जेम्स डर्मेस्टेटर और एल एच मिल्स ने, *जेंद अवेस्ता,* तीन खंड, पुनर्मुद्रण, दिल्ली, 1965।

जाति व्यवस्था पर सबसे अधिक उद्धृत धर्मशास्त्र अभी भी मनुस्मृति है : देखें जी ब्यूलर (अनुवाद), द *लाज आफ मनु,* आक्सफोर्ड, 1886। 20वीं सदी के शुरुआती दौर में जाति व्यवस्था किस तरह काम करती थी, इस पर संक्षिप्त टिप्पणी देखें जे एच हटन, कास्ट इन इंडिया, चौथा संस्करण, 1963। लुई ड्यूमों, *होमो हायरैर्किकस : द कास्ट सिस्टम एंड इट्स इंप्लिकेशंस,* संशोधित अंग्रेजी संस्करण, दिल्ली, 1998, विश्लेषण के लिहाज से व्यापक है और लेखक ने इसमें इस व्यवस्था के संबंध में अपना सिद्धांत दिया है। एम एन श्रीनिवास, *कास्ट इन माडर्न इंडिया एंड अदर एसेज,* बंबई, 1962, ने संस्कृतिकरण के जरिए बदलाव की सफल परिकल्पना पेश की है।

भारत, 1500-700 ई.पू. : पुरातात्विक साक्ष्य

3.1 आर्य क्षेत्र की पुरातात्विक संस्कृति

करीब 1500 ई.पू. के आस-पास, ऋग्वेद की पहली रचना के साथ भारत का अभिलिखित इतिहास शुरू होता है। वैदिक ग्रंथों से हमें ऐसी जानकारियाँ मिलती हैं जिनसे हमें भारतीय-आर्यों के करीब 800 साल (लगभग 1500-700 ई.पू.) के भौतिक जीवन और संस्कृति की मुख्य विशेषताओं के पुनर्निर्माण में मदद मिलती है। लेकिन यदि इसे 'अभिलिखित इतिहास' कहते हैं तो हम यहाँ निश्चित तौर पर एक गलती कर रहे हैं। लेखन पद्धति का उपयोग नहीं होता था, इसलिए ग्रंथों को कंठस्थ कर इनका मौखिक रूप से प्रसार किया गया। इसी वजह से यहाँ पुरातात्विक अवशेषों में किसी तरह के अभिलेख की उम्मीद नहीं की जा सकती हालाँकि ये आम तौर पर बेहद महत्त्वपूर्ण माध्यम होते हैं जिनके जरिए ऐतिहासिक दौर के पुरातत्व को वास्तविक इतिहास से जोड़ा जाता है। इसलिए हमें इतिहास की एक बेहद असाधारण समस्या से निपटना होगा, हालाँकि यही समस्या आंशिक रूप से ईरान के साथ है क्योंकि यहाँ भी हमारे पास इसी दौर का अवेस्ता है (शुरुआती प्रसार मौखिक तौर पर), लेकिन अक्सर लिखे हुए शब्द नहीं मिलते।

वैदिक ग्रंथों में मंदिर या प्रतिमा का कोई संदर्भ नहीं मिलता और धार्मिक उपासना के यज्ञ (अध्याय-1.6 और 2.5) पर केंद्रित होने से भी हमारा काम और मुश्किल हो जाता है। कोई मूर्ति या प्रतीक नहीं मिलते कि हमें किसी पुरातात्विक स्थल की पहचान आर्यों की बस्ती के तौर पर करने में मदद मिल सके। यहाँ तक कि यज्ञवेदियाँ भी अस्थायी ढाँचा हुआ करती थीं जिन्हें अनुमानतः रिहाइशी इलाके के पास बनाया जाता था इसलिए इन्हें ढूँढ़ पाना हमारे लिए बहुत आसान नहीं है।

ऐसी स्थिति में अपनी ऐतिहासिक संस्कृति का मेल पुरातात्विक संस्कृति से करना मुश्किल होता है। पुरातात्विक खोजों को सैद्धांतिक तौर पर एक ही तरह की 'शिल्पकृतियों के संग्रह ' से जोड़ना होता है (गॉर्डन चाइल्ड)। आम तौर पर विशेष किस्म के मिट्टी के बर्तनों को संस्कृति विशेष के संकेतक के तौर पर चुना जाता है। इस प्रक्रिया से अनुक्रम और कालक्रम तय करने में थोड़ी मदद मिलती है लेकिन इस

पर हमेशा सवाल उठेंगे कि क्या एक शैली विशेष के मिट्टी के बर्तनों का इस्तेमाल (शिल्पकृतियों के अलग-अलग संग्रह के हिसाब से) दो संस्कृतियों में नहीं किया जाता था या क्या एक ही संस्कृति में (भाषा, धर्म या राजनीतिक प्रणाली के आधार पर) विभिन्न क्षेत्रों में मिट्टी के बर्तन बनाने या इसे आकार देने की अलग-अलग शैली नहीं होगी। मसलन यह मानना बेकार है कि आरंभिक भारतीय आर्य एक विशेष प्रकार की बर्तन बनाने की शैली, जैसे, चित्रित धूसर मृद्भांड, से जुड़े थे जैसा कि कभी गंभीरता से माना जाता था।

जो भी हो पुरातत्वशास्त्र से हमें अज्ञात काल के ग्रंथों के कालक्रम निर्धारण में बहुमूल्य मदद मिलती है। हमने देखा है कि इन ग्रंथों में वर्णित भूगोल (जो अपने ही साक्ष्यों से स्थापित होते हैं...देखें ऊपर अध्याय 1.2 और 2.2), हमारे पुरातात्विक दस्तावेजों में लोहे की उपस्थिति (जिसकी चर्चा आगे अध्याय 3.3 में है) से उन ग्रंथों के समयांतराल की उच्चतर सीमा तय की जा सकती जिनमें लोहे का ज़िक्र है। पुरातत्वशास्त्र हमें कुछ खास प्रमाण भी मुहैया करा सकता है। वैदिक ग्रंथ गैर-शहरी और लिपिविहीन समाज की जो तस्वीर मुहैया कराते हैं और जब वही छवि पूर्व और उत्तर वैदिक काल की सभी पुरातात्विक संस्कृतियों में मिलती है तो हमारे ग्रंथों के साक्ष्यों की पुष्टि हो जाती है।

इस बुनियादी पुष्टि के साथ हम अब परंपरागत तौर पर व्यवस्थित, वास्तविक पुरातत्वशास्त्रीय साक्ष्य का रुख कर सकते हैं और देख सकते हैं कि हमने अपने ग्रंथों से जो जानकारी इकट्ठा की है उनमें ये क्या जोड़ते या तब्दीली करते हैं। पाठकों के लिए यहाँ यह याद रखना मददगार हो सकता है कि 1500 ई.पू. के पहले के दौर के विभिन्न क्षेत्रों के पुरातात्विक साक्ष्यों की चर्चा सिंधु सभ्यता, अध्याय 3.1—3 में हो चुकी है और वहाँ दिए गए ब्योरों को यहाँ दोहराने की जरूरत नहीं है।

हमने ऊपर अध्याय 1.2 में पाया कि ऋग्वेद में पश्चिमोत्तर सीमा क्षेत्रों के बारे में बहुत जानकारी मिलती है और इसमें वर्णित नदियों और कबीलाई नामों में अफगानिस्तान की आरंभिक बस्तियों की संस्कृतियाँ संरक्षित हैं। एक नदी जिसका नाम सरस्वती है और यह अवेस्ताई नदी हरखवैती और आधुनिक अरगंदाब-हेल्मांद के समरूप है। इधर ऋग्वैदिक कबीला, सृंजय, सीस्तान के लिए अखमेनिड नाम 'ज़्रांक' (फ़ारसी ज़रंज, ज़रंग) का स्मरण कराता है। हेल्मंद सभ्यता के करीब 2100 ई.पू. में पतन (इसके लिए देखें सिंधु सभ्यता 1.2) के बाद की डेढ़ सहस्राब्दि में इस क्षेत्र की पुरातात्विक रूपरेखा का पुनर्निर्माण मुश्किल है। हालाँकि हमें पता है कि शहर-ए-सोख्ता और मुंदिगाक का तेजी से संकुचन हुआ और फिर वह पतन के गर्त में चला गया; मुंदिगाक हालाँकि वीरान हो गया था लेकिन बाद में वहाँ फिर से नई बसाहट हुई और यहाँ उत्खननकर्ताओं ने दो चरणों, मुंदिगाक-6 और 7, की पहचान की लेकिन दुर्भाग्य से इनका कालांकन नहीं हो सका। स्पष्ट है

कि इन दो शहरों के पतन के बाद 'ग्राम्यीकरण' का लंबा दौर आया। हालाँकि लोहे से बनी चीजें मुंदिगाक-6 में मिलनी शुरू हो जाती हैं। यह खोज सिर्फ अफगान सीस्तान के नाद अली में मिली 1000 ई.पू. के ठीक बाद की लौह युग की बड़ी बसाहट से स्पष्ट होती है जो शायद अपनी खासियत के लिहाज से शहरी भी थी जहाँ एक विशाल स्मारक मिला है। इसी जिले के गूदड़-ए-शाह में लौह युग का एक पुरातात्विक स्थल है और विशुद्ध रूप से शैली के आधार पर इसके लिए जो बहुत आरंभिक काल (1800 ई.पू.) निर्धारित किया गया है उसमें शायद संशोधन की जरूरत है।

ऋग्वेद के नदी सूक्त में श्वेत्य नदी (दूसरी जगहों पर इसका ज़िक्र सुवास्तु के तौर पर है) का वर्णन है जो सिंधु के पश्चिम में बहती है। इसकी पहचान स्वात नदी से होती है जिसकी घाटियों में 1800-1400 ई.पू. (गलिगई-4) एक संस्कृति मिली है जिसमें घोड़े के पालतू बनाए जाने के पुख्ता सबूत मिलते हैं। इसलिए हो सकता है कि लोगों का भारतीय-आर्यों (आर्य) से संपर्क हो। गलिगई-4 के बाद अन्य चरण आए जिसे पहले 'गंधार कब्र संस्कृति' से जुड़ा माना जाता था। इस संस्कृति को सबसे पहले यहाँ खुदाई में मिली कब्र और कब्र में मिली वस्तुओं के जरिए जाना गया। दरअसल इसके विभिन्न चरणों का आरंभिक वर्गीकरण तीन प्रकार से किया गया जो कब्रों के विभिन्न स्वरूपों पर आधारित है लेकिन इस वर्गीकरण पर कोई मतैक्य नहीं है। कब्रें हैं जिनमें आंशिक कब्रें शामिल हैं। दाह-संस्कार के बाद हड्डियों को दफ्न करना ज्यादा प्रचलित था। केटलाइ में घोड़ों की दो अलग-अलग कब्रें हैं और यह यूरेशिया के मैदानों में प्रचलित प्रथा की अनूठी उपस्थिति है। इसके साथ-साथ मृतकों का दाह-संस्कार, ऋग्वैदिक लोगों के साथ संभावित सांस्कृतिक संपर्क के लिए महत्त्वपूर्ण है। हर चरण में तांबा मिलता है और यहाँ लोहे की मौजूदगी का इतिहास बहुत पुराना, यहाँ तक कि 1200 ई.पू. तक का हो सकता है। कार्बन डेटिंग (काल-निर्धारण) से आम तौर पर अंदाजा होता है कि इस संस्कृति का आरंभ बिंदु करीब 1400 ई.पू. के आस-पास है और लोहे के प्रवेश जैसी छिट-पुट घटनाओं को छोड़कर यह बगैर किसी उल्लेखनीय बदलाव के 400 ई.पू. तक बरकरार रहती है।

स्वात घाटी के लोग तीन तरह के जौ, गेहूं, चावल और मसूर (जिसके बीज सबसे अधिक तादाद में मिलते हैं) के साथ-साथ अंगूर उगाते थे। अलीग्राम के निराई वाले खेत जो 11वीं ई.पू. तक का हो सकता है (चित्र 1.1), से पता चलता है कि हल का उपयोग होता था। जानवरों की हड्डियों से कूबड़ वाले पशुओं के उपयोग और घोड़े एवं ऊंट (बैक्ट्रियन ?) की मौजूदगी का पता चलता है। घर पत्थर के टुकड़ों से बनी दीवारों से बनते थे, इसलिए धूसर-काले मृद्भांड, धूसर मृद्भांड में तब्दील हो गए। लेकिन कब्र में मिली चीजों से बहुत अधिक

सामाजिक विभेद का संकेत नहीं मिलता और यहाँ कोई शहर या बड़े ढांचे नहीं हैं। शिल्पकृतियों के लिए आयातित वस्तुओं की मात्रा में कमी से आर्थिक तौर पर अलग-थलग पड़ते जाने का संकेत मिलता है। कई बार संदेह होता है कि यह घटना वैदिक क्षेत्र की सुदूर गंगा घाटी से तो किसी तरह नहीं जुड़ी है।

तक्षशिला के पास हथियाल में गंधार कब्र संस्कृति के अनुरूप कुछ समानता दिखती है। इसके और दक्षिण में एक और 'कब्र संस्कृति' की पहचान हुई जिसका नाम गोमल (ऋग्वेद की गोमती) के नाम पर रखा गया जिसके तट पर स्थित हथला और गुमला इस संस्कृति से जुड़े प्रमुख स्थान हैं। यहाँ इस संस्कृति के शुरुआती चरण में मृतकों के संस्कार के लिए एक विशेष पद्धति का प्रचलन था। कब्र ऐसे खोदी जाती थी कि शवदाह के लिए आग जलाई जा सके। स्पष्ट है कि, लोहे का उपयोग शुरू होने के साथ-साथ अपेक्षाकृत साधारण कब्रें आईं। हालाँकि कोई निश्चित कालखंड उपलब्ध नहीं है।

बोलन दर्रे के नीचे जहाँ ऋग्वैदिक कबीले, भलान, की पहचान अपेक्षाकृत कमजोर आधार पर होती है, वहाँ पीरक में कृषि के लिहाज से एक समृद्ध संस्कृति विकसित हुई जहाँ से मिले कार्बन डेट (काल निर्धारण) के आधार पर इस संस्कृति (पीरक-2) का कालखंड मोटे तौर पर 1700 से 1200 ई.पू. निर्धारित किया जा सकता है। पास ही में स्थित पीरक और सिबरी में चावल और अन्य फसलें उगाई जाती थीं और 1500 ई.पू. के आसपास यहाँ के लोग घोड़ा और बैक्ट्रियन ऊंट से वाकिफ थे। दूसरे चरण (पीरक-3) में पूर्ववर्ती ताम्र और कांस्य चरण के सभी तत्व मौजूद हैं लेकिन यहाँ भारी मात्रा में लोहा मिला। यदि कोई इससे पहले के कार्बन काल निर्धारण को न माने तो लौह चरण 1000-700 ई.पू. का होना चाहिए।

ठीक-ठीक सिंध के बारे में, बहुत कम कहा जा सकता है : सिंधु सभ्यता के ठीक बाद की झुकर संस्कृति के बाद कुछ अंतराल पर अपेक्षाकृत और अधिक अस्पष्ट सी झंकर संस्कृति आई। इस संस्कृति का सबसे मशहूर अवशेष स्थल है चान्हू दाड़ो। यह संस्कृति दूसरी या पहली सदी ई.पू. की हो सकती है क्योंकि ठीक-ठीक कोई कालक्रम उपलब्ध नहीं है। उस समय सिंध के पास व्यावहारिक तौर पर हमें बताने के लिए कुछ भी नहीं है, जब तक प्रमाणों के अभाव से कोई यह अनुमान न लगाए कि उस दौरान बसावट वाला कोई बड़ा क्षेत्र नहीं था जो ध्यान आकर्षित कर सके। यदि ऋग्वैदिक ऋषियों का 'समुद्र' अरब सागर था तो समुद्र तट से वैदिक क्षेत्र के भीतरी हिस्से के बीच कुछ यातायात सिंध के जरिए जरूर होता होगा। दूसरी ओर, ऋग्वेद में सिंध के किसी स्थान या कबीले (एक सामान्य संदर्भ सिंधु को छोड़कर) का कोई ज़िक्र नहीं मिलता।

जैसा कि हमने देखा है, यदि ऋग्वैदिक नदी मरुद्वृधा की पहचान आज की मरु-वर्दवान के तौर पर करना उचित है तो यह मान पाना मुश्किल होगा कि

ऋग्वैदिक लोगों को कश्मीर के बारे में जानकारी नहीं थी। यदि हम कार्बन 14 पद्धति के जरिए किए गए बेतरतीब आकलन को नजरअंदाज कर दें तो, कश्मीर में उत्तरी नवपाषाण काल करीब 1500 ई.पू. तक बरकरार रहा, क्योंकि इस पद्धति के जरिए इसका कालखंड घटाकर 600 ई.पू. कर दिया गया है। इसके बाद के चरण में जिसमें उसी तरह के बर्तन बनाने की शैली बरकरार रही, एक महापाषाण संस्कृति आई क्योंकि वहाँ मेन्हिर (विशाल खुरदरे सीधे खड़े पत्थर) मिले हैं, हालाँकि ये किसी कब्र से जुड़े नहीं हैं। चावल और रागी की खेती होती थी और तांबे के साथ-साथ लोहे का भी उपयोग शुरू हो गया था। कोई कार्बन कालनिर्धारण उपलब्ध नहीं होने के कारण सिर्फ अंदाजा ही लगाया जा सकता है कि महापाषाण चरण हमारे दौर में शुरू हुआ यानि 1000 ई.पू. या इसके बाद।

हम अब ऋग्वेद के मूल-क्षेत्र का रुख कर सकते हैं, सात नदियों का क्षेत्र (सप्त सिंधव)), यानि पंजाब। यहाँ सिंधु सभ्यता के बाद कब्रिस्तान-एच संस्कृति आई। कब्रिस्तान-एच वाले क्षेत्र, हड़प्पा, में पेशे और बर्तन बनाने की परंपरा में एक तरह का विराम है। कब्रिस्तान-एच में दफनाने का तरीका भी अलग था। लेकिन कब्रिस्तान-एच वाली संस्कृति के दौर में बीच में मृतकों के संस्कार का तरीका फिर से बदला और कब्रगाह-एच संस्कृति में आंशिक तौर पर दफनाना शुरू हुआ जिससे संकेत मिलता है कि शव को पहले खुले में छोड़ दिया जाता था। मृतक (परोप्ताः) के विसर्जन और उन्हें खुले में छोड़ देने (उद्धिताः) को अथर्ववेद में ऋग्वेद में वर्णित 'अन-अग्निदाह', 'अदाह संस्कार' के स्वरूप के तौर पर स्वीकार किया गया है। यहाँ एक स्वाभाविक सा सवाल उठता है कि क्या इस बदलाव की व्याख्या इस तरह की जा सकती है कि करीब 1500 ई.पू. में कब्रगाह-एच संस्कृति वाले क्षेत्र में वैदिक आर्यों का प्रवेश हुआ।

पाकिस्तान की तरफ वाले जिन क्षेत्रों को कब्रिस्तान-एच की संस्कृति कहा जाता है वह भारत के दायरे में आने वाले 'उत्तर हड़प्पा' क्षेत्र हैं (सिंधु सभ्यता, 3.2); यह स्पष्ट रूप से एक ही तरह की संस्कृति के लिए पहचान चिह्न के तौर पर सिर्फ अलग-अलग तरह के मिट्टी के बर्तन चुनने का मामला है। इसलिए बेहतर यह होगा कि दोनों को 'उत्तर सिंधु' सभ्यता कहा जाए और उन्हें एक माना जाए। संहोल और बनवाली के कार्बन पद्धति और भगवानपुरा के थर्मोल्यूमिनेसेंस (तप्तदीपन) पद्धति से काल निर्धारण से संकेत मिलता है कि यह संस्कृति करीब 1000 ई.पू. तक कायम रही जिसके बाद भगवानपुरा में चित्रित धूसर मृद्भांड (पीजीडब्ल्यू) संस्कृति का भी दौर आया जो करीब 700 ई.पू. तक चली।

इस उत्तर सिंधु संस्कृति के संयुक्त क्षेत्र में पंजाब के हर हिस्से (पश्चिमोत्तर को छोड़कर), हरियाणा और गंगा-यमुना दोआब के ऊपरी क्षेत्र का समावेश है। इसलिए

दक्षिण-पूर्वी दिशा में इसकी सीमा ऋग्वैदिक क्षेत्र (देखें मानचित्र 1.1 और मानचित्र 3.1) से समुचित तरीके से मिलती है।

निचली हाकरा-घग्गर घाटी में उत्तर सिंधु संस्कृति की बस्तियों का घनत्व सिंधु सभ्यता की बस्तियों के मुकाबले बहुत कम है।

मानचित्र 3.1 पुरातात्विक संस्कृतियाँ, 1500-700 ई.पू.

बहावलपुर जिले (पाकिस्तान) में सिंधु सभ्यता के परिपक्व दौर की 174 बसाहटों का पता चला है लेकिन उत्तर सिंधु काल के सिर्फ 50 स्थलों और उसके बाद की चित्रित धूसर मृद्भांड संस्कृति की सिर्फ 14 बसाहटों की सूची है। दूसरी ओर हरियाणा में सिंधु काल के 120, उत्तर सिंधु काल के 618 और चित्रित धूसर मृद्भांड वाले 615 स्थल हैं। स्पष्ट तौर पर सतलज-यमुना नदी विभाग की ऊपरी घाटी में आबादी का विस्तार हुआ जबकि निचले इलाकों में आबादी कम हुई। अंदाजा लगाया जा सकता है कि ऊपरी इलाकों में जब कृषि के लिए नदी का पानी

निकाला जाने लगा तो यह जल-निकासी प्रणाली से जुड़ी नदियों, चौटांग और घग्गर, की निचली जलवाहिनियों में नहीं पहुँचने लगा जिनसे हाकरा को पानी मिलता था। इस वजह से नीचे घाटियों में बस्तियाँ निरंतर उजड़ने लगीं।

उत्तर सिंधु संस्कृति के साथ गंगा घाटी के कई इलाकों में खेती करने वाले समुदायों का समुचित दोफसली खेती के चक्र के आधार पर प्रवेश हुआ जिसकी चर्चा हम सिंधु सभ्यता 3.1 और 3.3 में कर चुके हैं। एक मिसाल नरहन संस्कृति से दी जा सकती है कि नरहन खुद घाघरा नदी (शतपथ ब्राह्मण की सदानीरा) के तट पर स्थित है और पास में दो और स्थान खैराडीह और सोहगौरा हैं। कार्बन पद्धति से इस संस्कृति का काल करीब 1300-700 ई.पू. तय करने में मदद मिलती है। इसकी विशिष्ट पहचान जो मिट्टी के बर्तन हैं वे हैं काले एवं लाल मृद्भांड (बीआरडब्ल्यू), जिनमें से ज्यादातर बाद के दौर के हैं।

टाट और मिट्टी के घरों में रहने वाले किसान यहाँ जौ (छिलके और छह कतार वाले), गेहूँ (गठीला, सामान्य, बौना) और चावल; दलहन जिसमें मटर, मूंग, चना और खेसारी शामिल थे; और सरसों एवं अलसी की खेती करते थे। कूबड़ वाले पशुओं की हड्डियाँ भारी मात्रा में मिलती हैं लेकिन घोड़े का पता बहुत निश्चित तौर पर नहीं लग पाता। गाड़ी के पहिए का कोई प्रमाण नहीं मिलता इसलिए इस बात का कोई सबूत नहीं है कि बैल का उपयोग गाड़ी या हल चलाने वाले जानवर की तरह होता था। इससे और पूर्व की तरफ स्थित पूर्व ताम्र-पाषाणकालीन स्थल, जैसे बिहार में चिरंड और पश्चिम बंगाल में महिसादल की चर्चा सिंधु सभ्यता, 3.3, में पहले ही हो चुकी है, जहाँ कृषि के साक्ष्य मिले हैं। इन जगहों पर लगता है कि अब एक ही तरह के मिट्टी के बर्तन, काले एवं लाल मृद्भांड, का दौर था। तालिका 3.1 में कार्बन पद्धति के जरिए विभिन्न स्थानों पर मिले इन बर्तनों के काल (मानक) का निर्धारण किया गया है।

तलिका 3.1 काले एवं लाल मृद्भांड का कालक्रम (ई.पू. में)

पश्चिम बंगाल :	भरतपुर	1770-795	
बिहार :	चिरंड	885-750	
उत्तर प्रदेश (पूर्व से पश्चिम की ओर)			
	खैराडीह	1350-810	
	सोहगौरा	1670-1225	
	नरहन	1500-1270	
	श्रींगावेरपुर	895-595	
	अतरंजिखेड़ा	815-410	(चित्रित धूसर मृद्भांड से पहले)
	बटेश्वर	795-420	(चित्रित धूसर मृद्भांड के साथ मेल)
राजस्थान :	जोधपुरा	425-180	(चित्रित धूसर मृद्भांड के साथ मेल)

नोट : सभी असंगत काल-निर्धारण को नजरअंदाज कर दिया गया है।

यह तालिका दिलचस्प है क्योंकि इससे पता चलता है कि काले एवं लाल मृद्भांड का केंद्रीय एवं पश्चिमी उत्तरप्रदेश और पूर्वी राजस्थान में प्रसार पूर्वी इलाकों में इस मृद्भांड के मुख्य दौर के बाद हुआ। संभव है कि ऐसा इसलिए हुआ कि आर्य (या आर्यकृत) समुदाय 1000 ई.पू. के बाद गंगा घाटी में प्रवेश करने लगे जिसके बाद इसका प्रसार पूर्ववर्ती बस्तियों से पश्चिम की ओर हुआ। काले एवं लाल मृद्भांड को पश्चिम की ओर प्रसार यह साबित करने के लिए महत्त्वपूर्ण है कि आर्य मृद्भांड जैसी कोई विशिष्ट शैली नहीं थी जैसा कि चित्रित धूसर मृद्भांड (पीजीडब्ल्यू) को अक्सर इस रूप में पेश किया जाता है।

उत्तर सिंधुकालीन क्षेत्र के चित्रित धूसर मृद्भांड का भगवानपुरा (हरियाणा) और जालंधर जिले (पंजाब) के दो पुरातात्विक स्थलों पर उत्तर सिंधुकालीन मृद्भांड शैली से मेल होता है। उत्तर सिंधुकालीन क्षेत्र से बाहर, यह या तो काले या लाल मृद्भांडों का अनुसरण करता है या फिर इसके साथ इसका मेल होता है (देखें तालिका 3.1)। काले और लाल मृद्भांड के चरण का यहाँ जो काल निर्धारण किया गया है उसके आधार पर पश्चिमी उत्तर प्रदेश और पूर्वी राजस्थान इलाके में चित्रित मृद्भांड 800 ई.पू. से पहले के शायद ही हो सकते हैं। इस इलाके के पुरातात्विक स्थलों पर मिले चित्रित धूसर मृद्भांड के लिए कार्बन पद्धति से जो काल-निर्धारण किया गया है उसे बिल्कुल सख्त मानकों पर आधारित माना जाता है जिसके आधार पर इसका काल 700-400 ई.पू. ठहरता है। दरअसल, यहाँ पूरी तरह से लौहयुगीन संस्कृति है और जिसे शायद ही उत्तर वैदिक काल से जोड़ा जा सकता है जिसके ग्रंथों से स्पष्ट होता है कि लोहे का ज्ञान तो था लेकिन तांबा अभी भी बादशाह था (ऊपर देखें, 2.3)।

3.2 प्रायद्वीपीय भारत

जोर्वे संस्कृति, मालवा संस्कृति के बाद (इसके लिए देखें सिंधु सभ्यता, 3.3) महाराष्ट्र में 1400 ई.पू. के आस-पास आई और करीब 1,000 ई.पू. तक फली-फूली और इसके बाद पतन की ओर अग्रसर हुई। पूरे महाराष्ट्र में इस संस्कृति के 200 से अधिक पुरातात्विक स्थल मिले हैं, हालाँकि इनमें से कोई भी विदर्भ या तटीय क्षेत्र में नहीं हैं। बस्तियों का घनत्व सबसे अधिक उत्तर में तापी घाटी में है।

जोर्वे संस्कृति में कृषि और जनसंख्या का उल्लेखनीय विस्तार हुआ। आंशिक तौर पर ऐसा हल के उपयोग की वजह से हो सकता है जिसके लिए कोई वास्तविक साक्ष्य उपलब्ध नहीं है लेकिन बिल्कुल ठीक-ठीक अंदाजा लगाया जा सकता है कि भार ढोने के लिए कूबड़ वाले बैलों (जेबू) का उपयोग होता था, जो बैलगाड़ी (चित्र 3.1) के उकेरे गए चित्र से प्रमाणित होता है। यहाँ उगाया जाने वाले मुख्य अनाज था जौ, लेकिन गेहूँ भी उगाया जाता था। चावल नया महत्त्वपूर्ण अनाज था। मोटे अनाजों में 'ज्वार' और 'रागी' और बाजरा (थोड़ा संदेहास्पद) मिला है।

दलहन में चना, सेम, मसूर, मटर, खेसारी, और उड़द उगाया जाता था। कपास के प्रमाण मिले हैं (नीचे देखें)। पालतू जानवारों में बैल और भेड़–बकरी प्रमुख हैं और उनका मांस भोजन का हिस्सा है। घोड़े की मौजूदगी का प्रमाण पहली बार दक्कन में जोर्वे दौर के ईनामगाँव में मिलता है।

लाल–पर–काले रंग से चित्रित मृद्भांड, इस संस्कृति की विशिष्टता है। ये तेज घूमते चाक पर बनाया जाता था और चपटी पेंदी वाले बर्तन, टोंटी वाले मर्तबान और सुराही जैसी कुछ विशिष्ट आकृतियाँ दिखती हैं। तांबा पिघलाने की प्रक्रिया अभी भी आदिम स्तर की थी और लोहे का कोई नामोनिशान नहीं मिलता। इसलिए पत्थर के औजारों का उपयोग भारी मात्रा में होता था; नेवासा में 'पत्थर की कुल्हाड़ी बनाने का एक कारखाना' मिला है।

नेवासा में रेशम का एक धागा (जंगली?) एवं कपास के रोएँ और चंदोली में पटसन का एक धागा भी मिला है। संभव है कि इन धागों का उपयोग कपड़े बुनने के लिए किया जाता हो।

इनामगाँव से मिले एक बर्तन (चित्र 3.1) पर उकेरी गई बैलगाड़ी इस बात का पुख्ता सबूत है कि गाड़ी का उपयोग यहाँ शुरू हो गया था। यदि दैमाबाद कांस्य शैली सचमुच सिंधु सभ्यता से आई थी, जैसा कि दिखता है : सिंधु सभ्यता, (2.8 और चित्र 2.25), तो दक्कन में बैलगाड़ी लाने का श्रेय (आखिरकार) सिंधु सभ्यता के प्रभाव को जाता है। संयोग से जोर्वे पुरातात्विक स्थानों पर मिले मर्तबान पर जो चित्र हैं या

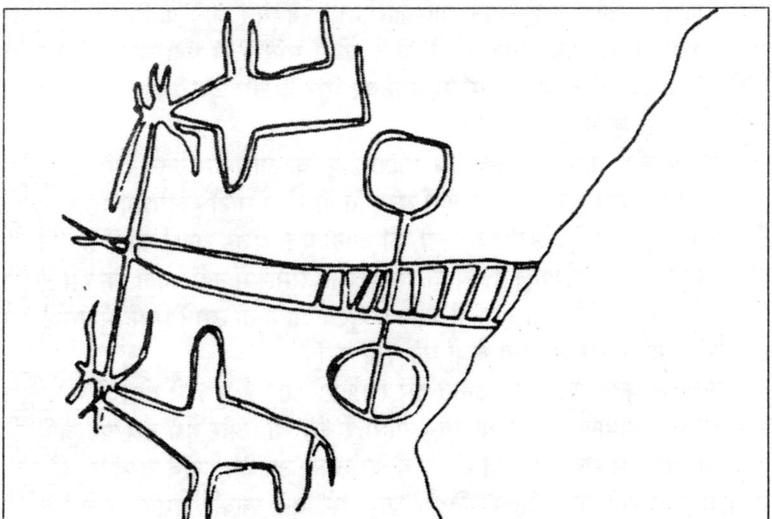

चित्र, 3.2 ब्रह्मगिरि की महापाषाणकालीन कब्र (पत्थर का ताबूत) (मॉर्टिमर व्हीलर के बाद का)

पहिए की आकृति वाले जो खिलौने मिले हैं उनमें तिल्लियाँ नहीं हैं। गाड़ियों से स्थानीय व्यापार में भारी बढ़ोतरी हुई होगी। संभव है कि कुछ अंतर-क्षेत्रीय व्यापार भी होता हो, मसलन, तांबा अरावली की पहाड़ियों से आता हो और सोना कर्नाटक से।

इन घटनाक्रमों के कारण कुछ बसाहटों का आकार ढाणियों से बड़ा हो गया। दैमाबाद का इलाका 30 हेक्टेयर का है, इसलिए आबादी कम से कम 6000 होगी और यह अपने दौर को भारत में सबसे बड़ी बस्ती थी। सिंधु सभ्यता के मानकों की तुलना में अभी भी यह छोटा नगरक्षेत्र था; फिर भी आने वाले समय का पूर्वाभास कराने के लिए यह कहना जरूरी है। प्रकाश और इनामगाँव का इलाका, हालाँकि, सिर्फ पांच-पांच हेक्टेयर का है।

लोग आयताकर घरों में रहते थे जिनकी दीवारें नीची एवं मिट्‌टी की होती थीं और टाट व मिट्‌टी से बनी अटारियाँ होती थीं। आंगन थे जिसमें मवेशी बंधे होते थे और अक्सर मांस भुनने के लिए वहाँ एक खुला तंदूर होता था।

इनामगाँव में कई कमरों वाले ढांचे की पहचान 'प्रधान के घर' है के तौर पर की गई और पास के मिट्‌टी की दीवार वाले ढांचे को 'अन्न-भंडार' कहा गया जहाँ कर बतौर संगृहीत अनाज रहता था। लेकिन इन मामूली अनुमानों से ज्यादा आकलन करना मुश्किल है।

मृतकों को सामान्य रूप से घर की फर्श के नीचे सीधे लिटाकर और बच्चों को कलश में दफ्न किया जाता था। मृतकों का पैर आम तौर पर टखने के नीचे से काट लिया जाता था ताकि उन्हें अपना पारिवारिक घर छोड़कर जाने या फिर प्रेत बनकर घूमने से रोका जा सके। मिट्‌टी की छोटी-छोटी मूर्तियों से पता चलता है कि दो देवियों की पूजा होती थी जिनमें से एक का सिर है और दूसरी सिरविहीन। पुरुष आकृति वाली मूर्तियाँ नदारद हैं।

प्रमुख जोर्वे बस्तियों का करीब 1000 ई.पू. के आसपास पतन होने लगा और सिर्फ ह्रास की ओर अग्रसर उत्तर जोर्वे संस्कृति ही भीमा घाटी (लगभग 1000-700 ई.पू.) में कायम रही। अचानक सूखे का आना एक वजह बताई जाती है; लेकिन इसे स्वीकार करना मुश्किल है क्योंकि कोई वजह समझ में नहीं आती कि इस दौरान यदि ऐसे विनाशकारी प्रभाव वाला व्यापक सूखा आया तो उसने सिर्फ महाराष्ट्र को ही क्यों प्रभावित किया अन्य क्षेत्रों को क्यों नहीं।

जोर्वे संस्कृति का अपने उन्नत दौर (1500-100 ई.पू.) में दीर्घजीवी दक्षिण भारतीय नव-पाषाण परिसर के साथ गहरा संबंध था, और हमें इस पर जोर्वे के असर के बहुत से संकेत मिलते हैं : तांबे का ज्यादा उपयोग; जोर्वे संस्कृति की याद दिलाती तांबे की कई शिल्पकृतियाँ; चाक पर बने फीकी चमक वाले चित्रित मृद्‌भांड; और कलश में बच्चे को दफ्न करने जैसे रिवाज। हल्लूर (कर्नाटक) में मिली घोड़े की अस्थियाँ 1300 ई.पू. की हैं जिससे हमें ईनामगाँव की याद आती है।

कार्बन और तप्तदीपन (टीएल) पद्धति से संकेत मिलता है कि हल्लूर और पास में स्थित कुमारनहल्ली में लोहा 100 ई.पू. तक पहुँचा। हमने ऊपर जोर्वे संस्कृति की बस्तियों को सोने के संभावित निर्यात की चर्चा की है : हट्टी में सोने के खनन की गतिविधि का प्रमाण मिलता है और कार्बन पद्धति के मुताबिक यह 900–740 ई.पू. का हो सकता है। लेकिन दक्षिण भारतीय परिसर की सबसे उल्लेखनीय विशिष्टता है उसके महापाषाण।

महापाषाण काल के अवशेष पर चर्चा करने से पहले, यह स्पष्ट करना जरूरी है कि इस शब्द (जिसका शाब्दिक अर्थ है, 'विशाल पत्थर') का उपयोग पुरापाषाण, लघुपाषाण, नवपाषाण या 'ताम्रपाषाण कालीन' जैसे शब्दों की तरह नहीं किया जाता, ये सब औजारों की किस्मों की ओर इशारा करते हैं जबकि महापाषाण काल के अवशेष का मतलब पत्थरों का उपयोग अचल प्रतीक या किसी स्थान के संरक्षक के तौर पर करने के रिवाज से है।

इस तरह की कब्रें उस कालखंड के बाद की है जिस पर इस खंड में चर्चा की गई लेकिन इसका चित्रण अच्छी तरह होता है कि महापाषाणकालीन अवशेष कैसे हो सकते हैं।

दक्षिण भारत में पत्थर विशेष तौर पर कब्रों से जुड़े हैं जिनमें से करीब आधा दर्जन विशिष्ट शैलियों की पहचान की गई है। एक सामान्य आकृति (पत्थर के ताबूत, शव-कोष्ठक) का चित्रण चित्र 3.2 में किया गया है। ब्रह्मगिरि के पत्थर के ताबूत की खुदाई मार्टिमर व्हीलर ने की थी। यहाँ थोड़े-बहुत तराशे गए

चित्र, 3.2 ब्रह्मगिरि की महापाषाणकालीन कब्र (पत्थर का ताबूत) (मॉर्टिमर व्हीलर के बाद का)

बड़े पत्थर गोलाकार में रखे गए हैं जबकि थोड़े पतले आयताकार पत्थरों से ताबूत की दीवार बनाई गई है जिसमें दफ्न किए गए व्यक्ति का अवशेष और कुछ वस्तुएँ हैं।

महापाषाणकालीन कब्रों के कुछ आर्थिक मायने भी हैं। ग्रेनाइट के टुकड़ों को लाने, उन्हें तराशने और व्यवस्थित करने में श्रम लगता था, इसलिए पथर के टुकड़े के आकार और उनकी संख्या से यहाँ दफ्न व्यक्ति के रुतबे, धन और ताकत का पता चलता है; इससे काफी भेद-भावपूर्ण समाज का संकेत मिलता है। लोहे के साथ संबंध (ज्यादातर महापाषाणकालीन स्थलों पर कब्र में पाए जाने वाले सामानों में लोहे के सामान मिलते हैं) निश्चित है, आंशिक तौर पर इसलिए कि इस धातु से बने औजारों से पत्थर को आसानी से काटा जा सकता था (इसलिए यह सस्ता है) लेकिन महापाषाण के लिए लोहा अनिवार्य आवश्यकता नहीं है। पत्थर, आग से तपाकर भी तोड़ा जा सकता था और तांबे के औजारों से इसे काटा जा सकता था।

लौह युग के महापाषाण का दौर लंबा है और हमे यहाँ सिर्फ आरंभिक चरण (700ई.पू. से पूर्व) की चर्चा करनी है जिसका प्रतिनिधित्व हल्लूर, पिकलिहल की कब्रों और ब्रह्मगिरि की गड्ढेनुमा कब्र (पत्थर के ताबूत नहीं) करते हैं। इन कब्रों में काले एवं लाल मृद्‌भांड और फीकी चमक वाले चित्रित बादामी एवं लाल मृद्‌भांड (जोर्वे की तरह) मिलते हैं। लोहे की शिल्पकृतियाँ मिलती हैं लेकिन पत्थर के औजार, विशेष तौर पर कुल्हाड़ी, का प्रयोग अभी भी प्रयोग में हैं। मिट्टी के बर्तनों पर दो जगह कपड़े के चिह्न में थोड़ी दिलचस्प होती है, लेकिन धागे की पहचान नहीं हो सकी है।

दक्षिण भारत से महापाषाण संस्कृति श्रीलंका पहुँची, जहाँ अभी तक नव-पाषाण संस्कृति भी पैदा नहीं हुई थी (हालाँकि पत्थर को रगड़ कर बनाई गई कुल्हाड़ी कहीं-कहीं मिलती हैं) और लघुपाषाण उद्योग पिछले 30,000 साल पहले से अधिक समय से चल रहा था (प्राक्-इतिहास, 2.4)। भारत में विदर्भ महापाषाण संस्कृति (दायरा 800-400 ई.पू.) और कार्बन पद्धति से कालाँकित नाइकुंड एवं टकलघाट जैसे पुरातात्विक स्थान, संभवतः दक्षिण भारत के प्रभाव में पनपे। मृद्‌भांड शैली और लोहे के औजारों की किस्में दक्षिण भारतीय परिसर से स्पष्ट रूप से मेल खाती हैं, इसलिए महापाषाण संस्कृति निश्चित तौर पर आंध्र के जरिए विदर्भ पहुँची। इसके दिलचस्प जेवरात और घोड़े की कब्रों के बावजूद यहाँ विदर्भ संस्कृति से विदा ले लेनी चाहिए क्योंकि ये विशेषताएँ साफ तौर पर 700 ई.पू. के बाद की हैं।

दक्षिण भारत वापस लौटने के लिए यह विचार करना महत्त्वपूर्ण है कि महापाषाण संस्कृति का तेजी से फैलना इस क्षेत्र में द्रविड़ बोलियों की स्थापना

का संकेत नहीं है, जिनके जरिए आस्था और रीति-रिवाजों का प्रसार हुआ। यदि यह सही है तो यहाँ उम्मीद करनी चाहिए कि प्राक्-द्रविड़ (प्रोटो द्रविड़) भाषा इस दौर की संस्कृति को प्रतिबिंबित करे, जो स्वयं बाद के दौर की द्रविड़ भाषाओं से बनी। भद्रिराजू कृष्णमूर्ति की बड़ी मेहनत से भाषाशास्त्रीय विश्लेषण के जरिए की गई ऐसी आदिम-द्रविड़ संस्कृति की पुनर्रचना का सार नीचे दिया गया है।

यह संस्कृति कम से कम आरंभिक लौह युग की थी जब से लोहे (सर-उंपु) का पता चला। आदिम-द्रविड़ भाषा में जुए से बंधे हल और मिराई के लिए तो शब्द हैं लेकिन गाड़ी या (गाड़ी-?) पहिए के लिए नहीं है। गाय, भैंस, सुअर, बकरी और भेंड़ के लिए शब्द हैं लेकिन घोड़े के लिए पुनर्रचित शब्द संदेहास्पद लगता है। चावल और मोटे अनाजों की खेती होती थी और कपास एवं गन्ने की भी। सुपारी, काली मिर्च और इलाइची द्रविड़ों के लिए देसी चीज थी। सोना-चांदी और वस्तु-विनिमय के लिए शब्द थे लेकिन मुद्रा के लिए नहीं। उल्लेखनीय है कि राजा और ईश्वर के लिए एक ही तरह के शब्द हैं। राजा महलों में रहते थे और कर एवं दान लेते थे। उनके पास सेना थी इसलिए वे युद्ध भी करते थे। ईश्वर में आस्था (किसी विशेष देवता का ज़िक्र नहीं है) के मद्देनजर लोग अपनी कामना पूरी करने के लिए जानवरों की बलि देते थे। कुछ मौकों पर 'अशुचिता' (पुल) के नियम का भी पालन किया जाता था और इसमें महिलाओं का ऋतुस्राव भी शामिल है। पुरोहित्व का वर्णन करने के लिए कोई शब्द नहीं है।

कुल मिलाकर तस्वीर उससे बहुत अलग नहीं है जो पुरातत्वशास्त्र ने पेश की है और इससे अपने पुरातात्विक साक्ष्यों में जो कमी रह जाती है उसकी भरपाई करने में मदद मिलती है। लेकिन हमें याद रखना चाहिए कि भाषाशास्त्रीय पुनर्रचना में जो चीजें नहीं हैं, उसका यह मतलब नहीं है कि जिस तथ्य पर हम विचार कर रहे हैं वह है ही नहीं, क्योंकि ज्यादातर प्रचलित चीजों के लिए प्रयुक्त शब्द कभी-कभी बदल जाते हैं या फिर किसी और भाषा से अपना लिए जाते हैं।

3.3 लोहे का आगमन

लोहा ब्रह्मांड में प्रचुर मात्रा में पाया जाता है, यह न सिर्फ पृथ्वी पर पाया जाता है बल्कि कई तारों, सूर्य और उल्काओं में भी पाया जाता है। वजन के हिसाब से यह पृथ्वी की ऊपरी सतह के पाँच प्रतिशत के बराबर है। उल्कापिंड (ये उल्काएँ होती हैं जो पृथ्वी पर जलती हुई गिरती हैं) को छोड़कर, लोहा प्रकृति में शायद ही अमिश्रित रूप में मिलता है। फिर भी लौह अयस्क पृथ्वी की सतह पर विस्तृत रूप से फैला है। अलग करने पर यह धातु तन्य और लचीला हो जाता है। लेकिन इसका गलन बिंदु ऊंचा (1535 डिग्री सेंटीग्रेड) है। अपने सबसे सामान्य रूप (फेराइट) में

लोहा 770 डिग्री सेंटीग्रेड से नीचे दृढ़ रहता है। इसे पिघलाने में जो मुश्किल होती है उसी कारण लोहे का उपयोग शुरू होने में देरी हुई जबकि तांबे और कांसे (तांबे के टिन के साथ मिश्रण से बना) का उपयोग विश्व के ज्यादातर हिस्से में इससे पहले होने लगा।

उल्का लौह, लोहे का एकमात्र स्वरूप है जो ठीक-ठाक अलग रूप में मिलता है। ये उल्कापिंड पृथ्वी की सतह के नीचे हर जगह दबे पड़े मिलते हैं इसलिए बहुत आश्चर्य की बात नहीं है कि आरंभिक लौह शिल्पकृतियाँ इन्हीं उल्का लौह को पिघलाकर और ठोक-ठोक कर बनाई गईं, जिन्हें आज उनमें व्याप्त निकेल की ऊंची मात्रा से पहचाना जा सकता है। इस तरह लोहे की आरंभिक वस्तुएँ इन्हीं उल्कापिंडों से बनीं जो मिस्त्र और ईरान में 3000 ई.पू. से भी पहले के समय की मिलती हैं।

धातु को पिघलाने की प्रक्रिया शुरू होने पर लोहा संयोग से अलग हुआ जो स्वर्ण और ताम्र अयस्क में उच्च मात्रा में मिला था। सोने और तांबे को गलाने और अलग किए जाने के बाद अवशिष्ट में लोहे के मैल के साथ कभी-कभी काम लायक लोहे के टुकड़े भी रह जाते थे। अल्लादीनो एवं लोथल में सिंधु संस्कृति के अवशेष और कश्मीर के नवपाषाण काल के अवशेष गुफक्राल में कहीं-कहीं लोहे की जो छोटी-छोटी चीजें मिली हैं वे संभवतः ऐसे बचे-खुचे लोहे से बनी हों। लेकिन ऐसा लोहा इतना दुर्लभ था कि यह बेशकीमती धातु बन गया। कहा जाता है कि पश्चिम एशिया में 19वीं सदी ई.पू. में मूल्य के लिहाज से लोहा चांदी के मुकाबले 40 गुना मंहगा था; और इसका सिर्फ सजावटी उपयोग ही हो सकता था न कि औद्योगिक स्तर पर। इसके बहुत बाद, यहाँ तक कि 1350 ई.पू. के तूतनखामन (मिस्त्र) के मकबरे में भी जो ताबीज, कटार और 16 छोटी छेनियाँ मिली हैं वे उल्का लौह से बनी हैं।

कभी-कभी वास्तविक तौर पर द्रवीकरण भी हो पाता था जबकि भट्टी का ताप लोहे के लिए आवश्यक स्तर पर पहुँच जाता था। मुंदिगाक 4 (अफगानिस्तान) में लोहे को पिघलाकर बनाए गए दो बटन मिले हैं जो 2300 ई.पू. के आस-पास के हो सकते हैं। लोहे को गलाया नहीं जा सकता था इसलिए इसे तपा कर हथौड़े से पीट-पीटकर बड़ी मशक्कत से आकार दिया जाता था। लेकिन इतना होने के बावजूद इसकी उन्नत अवस्था लंबे समय तक प्राप्त नहीं की जा सकी। ऐसा 'नरम लोहा' न कांसे की लागत न ही उसकी क्षमता का मुकाबला कर सका।

जरूरत थी, लोहे की सतह को कार्बन सिक्त (कार्बनीकरण) कर, फौलाद बनाने की। ऐसा करने के लिए, धौंकनी से पैदा होने वाली भभक को इस तरह नियंत्रित करना होता था कि यह भट्टी के अंदर सिर्फ लोहे की छड़ की सतह को प्रभावित करे। लकड़ी के कोयले वाली भट्टी में ताजा कटी लकड़ी डालने से भी कार्बनीकरण की प्रक्रिया तेज होती होगी। फिर पानी चढ़ाने या पानी के साथ तेजी

से ठंडा करने की प्रक्रिया से लोहा सख्त और लचीला बनता था। मूल खोज संयोग और लंबे अनुभव से हुई होगी और लोहे को सामान्य न्यूनीकरण की प्रक्रिया के उलट यह तकनीक अभी भी इतनी जटिल थी कि यह मान पाना मुश्किल है कि विभिन्न संस्कृतियों में इसकी खोज अलग-अलग हुई होगी। इसलिए किसी एक स्रोत से प्रसार की संभावना ज्यादा है।

फौलाद बनाने की प्रक्रिया संभव होने पर लोहा अचानक औद्योगिक उत्पाद बन गया और लोहे की शिल्पकृतियों की तादाद बढ़ गई। 'लोहे का आगमन' अर्थव्यवस्था के लिए तभी महत्त्वपूर्ण हुआ जबकि तांबे या कांसे के मुकाबले लोहे की शिल्पकृतियों की संख्या बहुत अधिक हो गई। हालाँकि, निस्संदेह, लोहे की जानकारी वाले दौर और ऐसे समय के बीच अंतराल रहा होगा जबकि इस धातु का उपयोग काटने वाले औजार और हथियार बनाने के लिए होने लगा।

इन चीजों को ध्यान में रखकर हम फिर से पुरातात्विक साक्ष्य की तरफ मुड़ सकते हैं। उत्तर मेसोपोटामिया के मितान्नी शासक, तुसरत्त (दशरथ) (लगभग 1400 ई.पू.) में मिस्र के फराओ के लिए के लिए कुछ खुदी हुई लोहे की धार वाली कटार बनवाई थी (जो अब उत्तरी सीरिया के रास शमरा में है) जिसका लोहा अभी भी उल्का से निकला था (निकेल, 3;25 प्रतिशत), लेकिन, इसमें 0;41 प्रतिशत कार्बन है, इसलिए संभवतः इसे जान-बूझकर कार्बनीकृत (कार्बराइज) किया गया होगा। 12वीं सदी ई.पू. की कुदाल उत्तर फलस्तीन के अदिर पहाड़ पर मिली है जो इस बात का स्पष्ट सूचक है कि कुदाल का लोहा निर्विवाद रूप से कार्बनीकृत (कार्बनाइज) किया जाता था।

इसके बाद हमें पश्चिम एशिया में आम तौर पर लोहे की शिल्पकृतियाँ मिलने लगती हैं। पश्चिमोत्तर ईरान के हसनलु से 1100-800 के कालखंड के स्तरों से लोहे के 'कई हजार हथियार' मिलने की बात कही जाती है। अफगानिस्तान में, सियेस्तान का नाद अली लौह युगीन पुरातात्विक अवशेष है जो 1000 ई.पू. के तुरंत बाद का हो सकता है। उत्तरी अफगानिस्तान के टिल्ला टेपे से बेहतर साक्ष्य मिले हैं और कार्बन पद्धति के आधार पर यहाँ के आरंभिक लौह युग को 1300-800 ई.पू. के दायरे में रखा गया है। इसलिए यहाँ लोहा 800 ई.पू. से काफी पहले आया और लगभग 1000 ई.पू. को सहज स्वीकार्य कालखंड माना जा सकता है।

भारतीय सीमावर्ती क्षेत्रों में, गंधार कब्रिस्तान संस्कृति से जुड़े स्वात घाटी (पश्चिमोत्तर सीमावर्ती क्षेत्र) के पुरातात्विक स्थलों से लोहे की कई चीजें मिली हैं, मसलन एक भाला, कलछुल, लगाम की जाबी (चीक पीस) और कीलें मिली है। आधुनिकतम परत लोबानर-3 से एक तीर का लोहे से बना फल मिला है जिसे इस दौर के कार्बन पद्धति के काल निर्धारण (अंतिम बिंदु 1365 ई.पू.) के मुताबिक 1200 ई.पू. के बहुत बाद का मान पाना मुश्किल है।

तक्षशिला (पंजाब) के पास सराय खोला में गोमल कब्र संस्कृति की धरोहर में लोहा मिला है लेकिन इसका कालखंड तय नहीं है। पश्चिमोत्तर बलुचिस्तान के मोगल गुंदई में लोहे के आगमन का काल 1100–800 ई.पू. माना जा सकता है। इधर दक्षिण की ओर, बलुचिस्तान में बोलन दर्रे के पास पीरक में इसके चरण-3 में लोहा मिला है, कार्बन पद्धति के मुताबिक इसका कालखंड 915–770 ई.पू. बैठता है। हालाँकि एक और कालखंड 1410–1025 ई.पू. का हवाला दिया जाता है लेकिन यह असंगत अवधि लगती है।

हमारे पास व्यावहारिक तौर पर पूर्वी पंजाब और हरियाणा में लोहे का कोई आरंभिक साक्ष्य नहीं मिलता; यह भगवानपुरा के उत्तर सिंधु—चित्रित धूसर मृदभांड के मेल (1,000–700 ई.पू.) के दौर में नहीं मिलता। इधर उत्तर प्रदेश के अतरंजीखेड़ा में मिले लोहायुक्त चित्रित धूसर मृद्भांड के लिए आरंभिक कालखंड 1265–1000 ई.पू. तय किया गय: है लेकिन इस पर भरोसा करना मुश्किल है, क्योंकि इसी पुरातात्विक स्थल से मिले अन्य चित्रित धूसर मृद्भांड के लिए 640–400 ई.पू. का कालखंड तय किया गया है। यहाँ चित्रित धूसर मृद्भांडों का काल निर्धारण 700 ई.पू. से पहले नहीं करने की बहुत सी वजहें हैं (ऊपर देखें 3.1)। चित्रित धूसर मृद्भांड वाला एक पुरातात्विक स्थल, नोह, में आरंभिक लौह युग के लिए कार्बन पद्धति पर आधारित कालखंड 885–390 ई.पू. है। इसलिए हम ऊपरी गंगा घाटी में लोहे के आगम्न के लिए 800 ई.पू. से पहले की अवधि निर्धारित नहीं कर सकते, (क्योंकि कार्बन-14 पद्धति के परीक्षण में होने वाली गलती की गुंजाइश वाले दायरे से संभावित प्राचीनतम अवधि को वह प्रामाणिक कालखंड मान लेना निश्चित तौर पर गलत होगा जिसकी हमें तलाश है)।

अतरंजीखेड़ा उस फर्क की व्याख्या के लिए महत्त्वूपर्ण है जो पूर्ववर्ती संस्कृतियों में लोहे की थोड़ी-बहुत उपलब्धता और इसके बहुतायत में मिलने के बीच है, जबकि औजार के तौर पर इसका उपयोग संभव हुआ। अतरंजीखेड़ा में मिले चित्रित धूसर मृद्भांड के अवशेषों का वर्गीकरण जिस तरह तीन चरणों में किया गया, उसमें तांबे और लौह वस्तुओं का परस्पर विभाजन निम्नांकित तरीके से किया गया है :

चरण	आरंभिक	मध्यम	उत्तरकालीन	कुल योग
तांबा	3	6	13	22
लोहा	8	46	81	135

इस तरह की लोहे की वस्तुएँ हर चरण में तांबे की चीजों के मुकाबले अधिक हैं। हम भरोसे के साथ कह सकते हैं कि ऊपरी गंगा घाटी में औजार के मुख्य द्रव्य के तौर पर तांबे की बजाय लोहे का उपयोग 700 ई.पू. के करीब या इससे पहले शुरू हुआ।

मानचित्र 3.2 आरंभिक लौह युग के पुरातात्विक स्थल

उत्तरांचल के पहाड़ों में स्थित उलेनि में 1022–826 ई.पू. के दौरान लौह–खनन का प्रमाण मैदानों में लोहे के उपयोग के लिए प्रासंगिक है। यहाँ से निकाला गया लोहा नीचे के मैदानी हिस्सों में ले जाया जाता होगा, हालाँकि उक्त कालखंड से थोड़ा वास्तविक पहले का लगता है।

मैदानी इलाके में इससे और पूर्व की ओर नरहन (पूर्वी उत्तर प्रदेश) में लगभग 900–800 ई.पू. (अनुमानित तौर पर तय, लेकिन पूर्ववर्ती चरण के लिए कार्बन कालखंड पर आधारित) के इसके काले–लाल मृद्‌भांड चरण में लोहे के दो टुकड़े मिले हैं, इसलिए हो सकता है कि इस क्षेत्र में लोहे का उपयोग नौवीं सदी ई.पू. में शुरू हो गया हो। पूर्वी भारत के आरंभिक लौह युग की अन्य कालावधि इसके अनुरूप है : चिरांद (बिहार), 885–770 ई.पू.; महिसादल (पश्चिम बंगाल), 820–690 ई.पू.; और बारूडीह (झारखंड), 875–415 ई.पू. (इससे पूर्व के बेतरतीब कालनिर्धारण को छोड़ने पर)।

आहर (राजस्थान) में बहुत पहले, 14वीं सदी ई.पू. में लोहे के उपयोग का दावा कभी-कभी स्वीकार कर लिया जाता है। हालाँकि उत्खननकर्ताओं ने भी इस पर आगे कुछ नहीं कहा और जैसा कि जी एर्डोसी कहते हैं, कि इस आधार पर तीसरी-दूसरी सदी ई.पू. के उत्कीर्ण मुहर के ठप्पे और सांचे में ढले तांबे के सिक्कों को आहर में हजार साल पहले के कालखंड में रखना होगा। मध्यप्रदेश में नागदा में में 750-500 ई.पू. के दौर (लेकिन इसे शैलीगत समानता के आधार पर तय किया गया है) का लोहा मिला है, जबकि एरन के लौह काल के दूसरे चरण का दायरा 795-595 ई.पू. है।

विदर्भ महापाषाण संस्कृति में लोहे का कुछ हद तक प्रचुर उपयोग होता था और कार्बन पद्धति के मुताबिक नाइकुंड एवं टकलघाट के लिए 800-400 ई.पू. के दायरे का कालनिर्धारण मिलता है, जो फिर से इस अवधारणा के अनुरूप ठहरता है कि लोहे के उपयोग का प्रसार 1000 ई.पू. की दो-तीन सदी बाद हुआ। जिस दौर का हम आकलन कर रहे हैं, उसमें हमें महाराष्ट्र के अन्य हिस्सों से लोहे का संकेत नहीं मिलता है।

कर्नाटक में बड़े आश्चर्यजनक तौर पर लोहे का उपयोग, शायद सीमावर्ती इलाकों को छोड़कर भारत के ज्यादातर हिस्सों से पहले शुरू हुआ प्रतीत होता है। यहाँ इसके दूसरे चरण में, तुंगभद्रा तट पर स्थित, हल्लूर, में सबसे पहले लोहे की वस्तुएँ अस्तित्व में आईं और कार्बन पद्धति के मुताबिक इसका कालखंड 1385-825 ई.पू. है। इसके पास में स्थित कुमारनहल्ली के लोहे का उपयोग करने वाले महापाषाण काल के लिए तप्तदीपन (टीएल) पद्धति के आधार पर 1440-930 ई.पू. की अवधि निर्धारित की गई है। इसलिए लोहे के उपयोग की शुरुआत के संबंध में न्यूनतम कालखंड करीब 1000 ई.पू. या इससे भी पहले निर्धारित करना अनुचित नहीं होगा। इतने प्राचीन कालखंड के कारण उत्तरी भारत से प्रसार की अवधारणा खारिज हो जाती है। ऐसी स्थिति में, पश्चिम एशिया से सीधे दक्षिण भारत में लोहे का प्रसार हुआ हो, ऐसा भी संभव नहीं है क्योंकि किसी अन्य वाणिज्यिक या सांस्कृतिक संपर्क के साक्ष्य नहीं मिलते। फिर भी, इससे इनकार भी नहीं किया जा सकता। दक्षिण भारतीय नवपाषाण काल में तांबा पिघलाना अपने-आपमें हल्का-फुल्का उद्योग था, इसलिए दक्षिण भारत में स्थानीय तौर पर ही लोहे को पिघलाने की जटिल प्रक्रिया और कार्बनीकरण की प्रक्रिया का विकास हुआ हो यह और असंभव लगता है। इतना निश्चित है कि एक बार समझ में आने पर, भारतीय प्रायद्वीप में लोहे को पिघलाने की प्रक्रिया का प्रसार महापाषाण संस्कृति के विकास के साथ काफी तेजी से हुआ।

लोहे का उपयोग (महापाषाणों के साथ) श्रीलंका पहुँचा। अनुराधापुरा में कार्बन पद्धति के आधार पर तय कालनिर्धारण से संकेत मिलता है कि यहाँ लौह युग का इतिहास बहुत पहले, 800 ई.पू. तक जा सकता है।

सारणी 3.2 कालक्रम

अ : विशिष्ट संस्कृति	ई.पू.
सीमावर्ती क्षेत्र	
गंधार कब्र संस्कृति	1400–400
पिरक कांस्य संस्कृति	1800–1200
पिरक लौह युग	1000–700
सतलज–यमुना विभाजन एवं ऊपरी गंगा बेसिन	
उत्तर हड़प्पा (उत्तर सिंधु)	2000–1000
उत्तर हड़प्पा–चित्रित धूसर मृद्भांड का मेल (हरियाणा)	1000–700
काले एवं लाल मृद्भांड चरण, पश्चिमी उत्तर प्रदेश	900–700
चित्रित धूसर मृद्भांड, पश्चिमी उत्तर प्रदेश एवं राजस्थान	800–400
केंद्रीय एवं पूर्वी गंगा घाटी	
नरहन संस्कृति	1300–700
चिरांद ताम्रपाषाण	1800–1100
पश्चिम बंगाल : काले एवं लाल मृद्भांड	1700–800
प्रायद्वीप	
जोर्वे संस्कृति	1400–1000
उत्तर जोर्वे संस्कृति	1000–700
विदर्भ महापाषाण	800–400
दक्षिणी महापाषाण एवं लौह युग : आरंभ, पूर्ववर्ती काल	1000

ब :

लोहे के व्यापक उपयोग की शुरुआत का अनुमानित कालखंड	ई.पू.
सीमावर्ती क्षेत्र	1100
गंगा घाटी	750
मध्य भारत	700
विदर्भ	700
दक्षिण भारत	1000
श्रीलंका	800

नोट : यह अनुमानित कालक्रम हैं जिसमें 100 साल की कमी–बेशी की गुंजाइश है। यहाँ पेश कार्बन पद्धति के आधार पर आकलित सभी कालखंड नपे–तुले हैं।

नोट 3.1 : महाकाव्य पुरातत्वशास्त्र

पुरातत्वशास्त्र के इतिहास में नाटकीय क्षण आया जबकि 1871 में हेनरिख श्लीमैन ने ट्राय (तुर्की) शहर की खुदाई शुरू की। यहाँ ट्रॉय का युद्ध हुआ था और इसका वर्णन होमर के महान महाकाव्य इलियड में है। श्लीमैन की इस शहर की आठ परतों में भवनों की बुनियाद और किलेबंदी को खोज निकालने की सफलता, इस तथ्य के मद्देनजर धुँधली नहीं पड़ती कि होमर ने जिस शहर का वर्णन किया है वह तीसरी या दूसरी परत में नहीं, जैसा कि उन्होंने बारंबार कल्पना की, बल्कि छठी परत में है या फिर इस बात से कि होमर के महाकाव्य में वर्णित शहर को किसी विजयी सेना ने नहीं बल्कि विनाशकारी भूकंप ने नष्ट किया था। श्लीमैन की अप्रत्याशित सफलता के बाद कई पुरातत्वशास्त्रियों में प्राचीन महाकाव्यों में वर्णित जगहों की खुदाई कर महाकाव्यों की परंपराओं को साबित क़रने या फिर कम से कम इसकी वैधता की जांच करने की महत्त्वाकांक्षा जागी। इस मामले में भारत भी अपवाद नहीं रहा।

हमारे यहाँ महाकाव्य साहित्य की समृद्ध परंपरा है, जिनमें से संस्कृत में लिखे गए *महाभारत* और *रामायण* को अत्यधिक प्रतिष्ठा प्राप्त है जो यथोचित है। *महाभारत* में भरत कुल के महान युद्ध की कहानी का वर्णन है , लेकिन इसमें बहुत से दार्शनिक, नीतिपरक और मिथकीय तत्व हैं। आंतरिक साक्ष्य और वाह्य संदर्भों से पता चलता है कि इसका संकलन चौथी सदी ई.पू. के बाद विभिन्न चरणों में हुआ जो मूलत: चौथी सदी में जाकर पूरा हुआ। इसके कुछ समय बाद कलियुग की अवधारणा प्रचलित हुई जिसका दौर 3102 ई.पू. से शुरू हुआ। यह, उस धारणा पर आधारित है कि कलियुग का समय महाभारत युद्ध के तुरंत बाद शुरू हुआ। इस अवधारणा के तहत कलियुग की समयावधि की गणना की गई है। मिथकीय इतिहास के ग्रंथ, पुराणों में इस युग के समयांतराल को पाटने के लिए राजाओं के नाम दिए जाते हैं। स्वयं इस युग की स्थापना मूल रूप से खगोलशास्त्रियों ने अतीत की एक खगोलीय परिघटना की गणना के लिए दी थी जो इसका ध्रुव (आरंभ-बिंदु) था।

महाभारत, रामायण और पुराणों की परंपरा में किसी भी संभावित ऐतिहासिक तत्व की तलाश की काफी कोशिश हुई है। एफ ई पार्जिटर ने अपनी पुस्तक 'डायनेस्टीज आफ द कलि एज' में पौराणिक साक्ष्य प्रस्तुत किए हैं और वास्तविक जीवन में संभव औसत शासनकाल के नियमों के आधार पर मिथकीय कालक्रम के पुनर्आकलन के जरिए घटना और स्रोत के बीच का समय घटाने की कोशिश की। उन्होंने महाभारत युद्ध के लिए करीब 950 ई.पू. की अनुमानित तिथि निर्धारित की।

स्वतंत्रता के तुरंत बाद, भारतीय पुरातत्व सर्वेक्षण के एक प्रतिभाशाली अधिकारी बी बी लाल को अपना ट्रॉय मिला और उन्होंने इसकी खुदाई शुरू की। यह महाभारत में कुरुओं की राजधानी थी जो पश्चिमी उत्तरप्रदेश में गंगा तट पर स्थित

है। कोई किला या महल नहीं मिला लेकिन 1950–52 के उत्खनन के बाद बी बी लाल ने घोषणा कि उन्हें वस्तुतः निम्नांकित खोजों के जरिए महाभारत की ऐतिहासिकता का पता चल गया है :

1. महाभारत में उद्धृत महत्त्वपूर्ण स्थान, मसलन, हस्तिनापुर, अहिछत्र, मथुरा और कुरुक्षेत्र, हर जगह, भारी तादाद में चित्रित धूसर मृद्भांड (पीजीडब्ल्यू) मिले हैं, इसलिए वे चित्रित धूसर मृद्भांड के दौर में एक ही समय में जरूर फल–फूल रहे होंगे। यह देखना भी सुखद था कि जिन कुछ जगहों का नाम महाभारत में नहीं है लेकिन स्थानीय दावे हैं कि ये उससे जुड़े हैं, वहाँ भी चित्रित धूसर मृदभांड मिले हैं। इसलिए चित्रित धूसर मृदभांड का दौर उस दौर से जुड़ा है जिसका उल्लेख महाभारत में है।
2. लाल ने जहाँ चित्रित धूसर मृदभांड को आम तौर पर 1500–600 ई.पू. से जोड़ा है वहीं ऐतिहासिक उत्तरी काले पालिश वाले मृद्भांड (एनबीपी) के नीचे जमा धरोहरों के आधार पर उन्होंने हस्तिनापुर के चित्रित धूसर मृदभांड चरण की तिथि 1100–800 ई.पू. निर्धारित की। आरंभिक तिथि को इस तथ्य से बल मिलता है कि मुख्य चित्रित धूसर मृदभांड चरण को लौह पूर्व दौर का माना जाता है क्योंकि 'कालक्रम के सबसे उच्चतम स्तर पर' पर लोहे के मैल के ढेर मिले : सिर्फ चित्रित धूसर मृदभांड चरण में ही पहली बार लोहे का नियमित उपयोग देखा गया। इस तरह चित्रित धूसर मृदभांड के लिए जो तिथि निर्धारित की गई, उससे यह माना गया कि महाभारत की ऐतिहासिकता साबित हो गई इसलिए यह महज इत्तफाक नहीं है कि पार्जिटर की इस महायुद्ध के लिए तय तिथि (950 ई.पू.) हस्तिनापुर के चित्रित धूसर मृदभांड के कालखंड में आती है, जो स्वयं लाल ने भी निर्धारित की थी।
3. हालाँकि कोई राजसी संरचना नहीं मिली थी लेकिन हस्तिनापुर में बाढ़ के संकेत हैं; इसलिए संभव है कि बाढ़ के कारण लोगों ने हस्तिनापुर छोड़ दिया होगा, जैसा कि बाद की परंपरा में माना गया है।

भारतीय पुरातत्व सर्वेक्षण के आधिकारिक प्रकाशन, *एंशिएंट इंडिया* (1954–55) में लाल की रपट को पेश करते हुए, इसके तत्कालीन अध्यक्ष ए घोष ने लाल के निष्कर्ष से अपने आपको बिल्कुल अलग कर लिया था। उन्होंने ऐसी किसी तरंह की धारणा के प्रति आगाह किया था कि 'हस्तिनापुर के उत्खनन से महाभारत की कहानी के सत्य होने के प्रमाण' मिले हैं। घोष का कथन दूरदर्शी साबित हुआ और लाल के निष्कर्षों पर सवालिया निशान उठे।

मॉर्टिमर व्हीलर और डी एच गॉर्डन जैसे पुरातत्वशास्त्रियों, ने भारी मात्रा में मिली धरोहरों से समय के आधार पर लाल के आकलन पर संदेह जताया। व्हीलर चित्रित धूसर मृदभांड को 800 ई.पू. से परे और गॉर्डन 600 ई.पू. के परे का

नहीं मानते। जबकि कार्बन-14 पद्धति से परीक्षण उपलब्ध हुए तो इन विचारों की पुष्टि हुई। हस्तिनापुर चित्रित धूसर मृदभांड से जुड़े स्तरों के आठ नमूने सौंपे गए और उन सबका लगातार निम्नतर कालनिर्धारण हुआ और थोड़ी बहुत गलती की गुंजाइश के साथ चित्रित धूसर मृदभांड के स्तरों को 785 ई.पू. से 15 ईसवी के बीच रखा गया (हमने ऊपर 3.1 में देखा कि पश्चिमी उत्तर प्रदेश और पूर्वी राजस्थान के पुरातात्विक स्थलों के कार्बन पद्धति से हुए कालनिर्धारण से आम तौर पर 700-400 ई.पू. के चित्रित धूसर मृदभांड के दौर का संकेत मिलता है।)

इस साक्ष्य के मद्देनजर महाभारत युद्ध के अनुमानित समय के चित्रित धूसर मृदभांड से जोड़ने की संभावना खत्म हो गई और इसके सामने आने पर लाल और उनके समर्थकों ने विभिन्न आधारों पर (दूषित नमूने, परस्पर विरोधी स्वरूप आदि) के आधार पर कार्बन पद्धति पर ही सवाल खड़ा कर दिया और अतरंजीखेड़ा से मिले साक्ष्यों के लिए लीक से हटकर एक ही कालखंड 1265-1000 ई.पू. तय किया और यह भूल गए कि इसी जगह पर इस चरण के लिए एक कालखंड 240-575 ईसवी तय है। अतरंजीखेड़ा में मिले चित्रित धूसर मृदभांड के लिए तय इससे पहले का कालक्रम निश्चित तौर पर संदेहास्पद है क्योंकि यहाँ चित्रित धूसर मृदभांड काले एवं लाल मृद्भांड (बीआरडब्ल्यू) से पहले आए जिसके लिए सिर्फ 815-410 ई.पू. का कालांतरण दिया गया है।

भारतीय पुरात्व सर्वेक्षण ने भगवानपुरा में उत्खनन के मामले में कार्बन पद्धति को पूरी तरह से छोड़ दिया और सिर्फ तापदीप्ति (थर्मोल्यूमिनेसेंस, टीएल) की पद्धति अपनाई गई लेकिन नतीजे कोई बेहतर नहीं रहे। चित्रित धूसर मृदभांड वाले दौर वाले मिट्टी के बर्तनों के लिए इससे या तो 1836 से 1852 ई.पू. और 1667 ईसवी या सिर्फ 732 से 671 ई.पू. का असंभव कालनिर्धारण होता है। उत्खनकर्ता जे पी जोशी (जो लाल के बाद बने भारतीय पुरातत्व सर्वेक्षण के प्रमुखों में से एक हैं) ने चित्रित धूसर मृदभांड (उत्तर हड़प्पा काल के साथ मेल के दौर) के लिए उक्त कालखंडों के जरिए 1450ई.पू.-1000 ई.पू. या इससे थोड़ा पहले की तिथि कैसे तय की गई, इस रहस्य का हल नहीं हो सका है। प्राय: लगता है कि साक्ष्य जो भी हो पूर्वग्रह बरकरार रहा। जोशी, परंपरा के साथ जुड़ी बाढ़ की अवधारणा को स्थापित करने में भी, लाल, का अनुसरण करते हैं; जैसे, भगवानपुरा में बाढ़ के दो संकेत हैं इसलिए ये दोनों शतपथ ब्राह्मण में वर्णित बाढ़ होंगे।

लोहे से जुड़ी बात भी थी। अतरंजीखेड़ा में उत्खनन से, चित्रित धूसर मृदभांड स्तरों में भारी तादाद में लोहे की चीजें मिली हैं इसलिए यह साफ हो गया कि पश्चिमी उत्तर प्रदेश में चित्रित धूसर मृदभांड, लौह युग की संस्कृति थी न कि लौह-पूर्व संस्कृति। हस्तिनापुर के चित्रित धूसर मृदभांड स्तरों में लोहा क्यों नहीं मिलता, जहाँ अन्यथा उसी तरह की शिल्पकृतियाँ मिलती हैं, यह विचारणीय सवाल है। फिर भी, अब जबकि लोहे के लिए अपेक्षाकृत आरंभिक तिथि का

संकेत दिया जा रहा है (ऊपर 3.3 देखें), तब भी हस्तिनापुर का अक्सर गलत तरीके से उल्लेख किया जाता है कि यहाँ के चित्रित धूसर मृदभांड के स्तरों में लोहे के प्रमाण मिलते हैं। फलतः असंगत तरीके से चित्रित धूसर मृद्‌भांड के लिए आरंभिक तिथि का दावा किया जाता है और उतने ही असंगत तरीके से भारत में लोहे के दौर के लिए और अधिक प्राचीन कालखंड का दावा किया जाता है। ऐसी कोशिश में तर्क या विचार ढूँढ़ पाना मुश्किल है।

महाभारत का पुरातत्वशास्त्र तैयार करने की कोशिश के आड़े आ रही दिक्कतों से अविचलित, बी बी लाल ने 1970 के दशक में अपना ध्यान दूसरे महाकाव्य *रामायण* पर केंद्रित किया। *महाभारत* में *रामायण* की कहानी का वर्णन मिलता है इसलिए इस अपूर्व गाथा की घटनाओं को महाभारत युद्ध से पहले दर्शाना था। हम देख चुके हैं कि लाल ने महाभारत युद्ध के लिए 950 ई.पू. का समय निर्धारित किया है।

लाल ने अयोध्या की खुदाई की लेकिन विभिन्न स्थानों पर खुदाई के बावजूद उन्हें काले एवं लाल मृद्‌भांड का भी पता नहीं चला। सबसे प्राचीन मृदभांड जो मिले हैं वे उत्तरी काली पॉलिश वाले मृद्‌भांड (एनबीपी) मिलते हैं, जिनकी तिथि 400 ई.पू. से पहले की निर्धारित नहीं की जा सकती। कार्बन पद्धति से 10 तिथि प्राप्त की गई, लेकिन वे सब 625 ई.पू. से 225 ईसवी के बीच की हैं, उत्तरी काली पॉलिश वाले मृद्‌भांड की तिथि 390 ई.पू. की ऊपरी सीमा से परे नहीं जाती। स्पष्ट रूप से अयोध्या में गौतम बुद्ध से पूर्व की अवधि का कोई अवशेष नहीं मिला तो महाभारत युद्ध के लिए तय समय के लिए क्या कहा जाए। इसलिए रामायण काल के अनुमानित तौर पर महाभारत से पहले के होने का कोई आधार नहीं मिला।

महाकाव्य पुरातत्वशास्त्र की असफलता की कहानी हमारे लिए यह स्पष्ट करने के लिए महत्त्वपूर्ण है कि सभी विपरीत साक्ष्यों के बावजूद निराधार परिकल्पना करना और उस पर टिके रहना कितना जोखिम भरा हो सकता है। यह चेतावनी इतिहास और पुरातत्वशास्त्र के लिए भी है।

नोट 3.2 : संदर्भ-ग्रंथ संबंधी टिप्पणी

डीपी अग्रवाल के द *आर्कियोलॉजी आफ इंडिया*, लंदन, 1982, अध्याय आठ और नौ में इस दौर की संस्कृतियों का स्पष्ट दृष्टिकोण से वर्णन किया गया है और ब्रिजेट एवं रेमंड ऑलचिन के द *राईज आफ सिविलाइजेशन इन इंडिया एंड पाकिस्तान*, केंब्रिज-नयी दिल्ली, 1983, के अध्याय नौ और 10 में और विस्तृत वर्णन है। ऑलचिन एवं अन्य, का द *आर्कियोलॉजी आफ अर्ली साउथ एशिया : द एमर्जेंस आफ सिटीज एंड स्टेट्स*, 1995, ने पांचवें अध्याय (लेखक आर ए ई कनिंघम) और छठे अध्याय में (लेखक-जी एर्डोसी) ने नयी सूचनाएं जोड़ीं और इसमें आलोचनात्मक विश्लेषण पेश किया है। दिलिप के चक्रवर्ती के *इंडिया : एन*

आर्केयोलाजिकल हिस्ट्री, आक्सफोर्ड, के 1999, छठे अध्याय में भी इन संस्कृतियों का आकलन किया गया है। के पी नौटियाल, प्रोटोहिस्टॉरिक इंडिया, दिल्ली, 1989, में तीन उपयोगी अध्याय (7-9) हैं।

ए एच दानी और वी एम मैसन (संपादक द्वय) के हिस्ट्री *आफ सिविलाइजेशंस आफ सेंट्रल एशिया,* 1, यूनेस्को, पेरिस, अध्याय 17 में पश्चिमोत्तर संस्कृतियों के दौर का विवरण। द *फर्स्ट फार्मर्स आफ द डेक्कन,* पुणे, 1988, में ताम्रपाषाण कालीन दक्कन के पूरे दौर का विवरण है और यह जोर्वे काल में जीवन के लिहाज से ज्यादा महत्त्वपूर्ण है। भाषाशास्त्रीय साक्ष्यों के आधार पर प्राक्-द्रविड़ संस्कृति की पुनर्रचना के लिए देखें, भद्रिराजू कृष्णमूर्ति की द *द्रविड़ियन लैंग्वेजेज,* केंब्रिज, 2003 (अपेक्षाकृत सस्ता दक्षिण एशियाई संस्करण उपलब्ध), पेज संख्या 6-16 देखें।

मोटे तौर पर क्षेत्रवार सूचीबद्ध, कुछ उत्खनन रपटें इस प्रकार हैं : जगत पति जोशी की एक्सकेवेशन इन भगवानपुरा, दिल्ली, 1993; आर सी गौड़ की *एक्सकेवेशंस ऐट अतरंजीखेड़ा, अर्ली सिविलाइजेशन आफ द अपर गंगा बेसिन,* दिल्ली, 1983; पुरुषोत्तम सिंह की *एक्सकेवेशंस ऐट नरहन* (1984-89), वाराणसी-दिल्ली, 1994; एनआर बनर्जी, नगदा, नयी दिल्ली, 1986; एम के धवलीकर, एच डी सांकलिया और जेड डी अंसारी, *एक्सकेवेशंस ऐट इनामगाँव,* 1 (भाग 1 और दो), 1988; और एस ए साली, *दाइमाबाद,* 1976-79, दिल्ली, 1986।

सामयिक पत्रिकाएँ जिनमें संबद्ध रपट और शोध-पत्र हैं, वे हैं सालाना प्रकाशित होने वाली *इंडियन आर्केयोलॉजी, ए रिव्यू,* दिल्ली, *पाकिस्तान आर्केयोलॉजी,* कराची, *मैन एंड एन्वायरन्मेंट,* पुणे; पुरातत्व (इस नाम के बावजूद यह अंग्रेजी में छपती है), दिल्ली; *जर्नल आफ सेंट्रल एशिया,* इस्लामाबाद; और भारतीय पुरातत्व सर्वेक्षण का बंद हो चुका सालाना प्रकाशन, *एंशियेंट इंडिया। साउथ एशियन आर्केयोलॉजी* में छपने वाले बहुमूल्य पत्र जो विभिन्न जगहों से छपता है और आम तौर पर दो साल के अंतराल पर आता है।

विजय कुमार ठाकुर के *सोशल डायमेंशंस आफ टेक्नोलाजी : आयरन इन अर्ली इंडिया,* दिल्ली, 1993 में लोहे के आगमन पर विचार गया है। भारत में लोहे के उत्पादन के मौलिक और आरंभिक विकास के मामले में डी के चक्रवर्ती और एन लाहिड़ी, के द *आयरन एज इन इंडिया,* पुरातत्व, संख्या-24 (1993-94) में चर्चा की गई है। महाकाव्य पुरातत्वशास्त्र गढ़ने की कोशिश पर देखें विभा त्रिपाठी का *अर्ली हिस्टोरिक आर्केयोलॉजी एंड रेडियोकार्बन डेटिंग, इंडियन हिस्टोरिकल रिव्यू,* 14 (प्रकाशन 1990); और के एम श्रीमाली (संपादित), *रीजन एंड आर्केयोलॉजी,* दिल्ली, 1998, जिसमें सूरजभान, इरफ़ान हबीब और आर सी ठाकरन के शोधपत्र हैं।

अनुक्रमणिका

●●●